Duden

Prüfungstraining

Englisch

Abitur

2., aktualisierte Auflage

Dudenverlag
Berlin

Dein Passwort für den Download:
AbiEnglisch-k9ax

Bibliografische Information der Deutschen Nationalbibliothek
Die Deutsche Nationalbibliothek verzeichnet diese Publikation in der Deutschen Nationalbibliografie; detaillierte bibliografische Daten sind im Internet über http://dnb.d-nb.de abrufbar.

Bibliographisches Institut GmbH
Mecklenburgische Str. 53, 14197 Berlin

Redaktionelle Leitung: Simone Senk
Redaktion: Linda Strehl
Autoren: Ulrich Bauer, Birgit Hock
Konzeptionelle Beratung: Elisabeth Schmitz-Wensch

Herstellung: Andreas Preising
Layout: Günther Nord
Umschlaggestaltung: Hemm-communication.design, Filderstadt
Satz: Kösel, Krugzell
Druck und Bindung: Heenemann GmbH & Co. KG
Bessemerstraße 83–91, 12103 Berlin
Printed in Germany

ISBN 978-3-411-72922-7

Wissen und Üben

Trainingsklausuren

Lösungen

Anhang

1
Typische Abituraufgaben

Wer im Fach Englisch eine Abiturklausur schreibt, muss immer einen Text bearbeiten – und das heißt:

- den Text lesen und verstehen (Lesetechniken – *reading techniques* kennen und richtig anwenden, Kap. 1.1),
- Inhaltsfragen beantworten (Verständnisaufgaben – *comprehension / orientation questions* bearbeiten, Kap. 1.2),
- die Textaussagen analysieren und interpretieren (*analysis,* Kap. 1.3) und schließlich
- das Gelesene kommentieren können (*evaluation / comment,* Kap. 1.4).
- Darüber hinaus wird der kreative Umgang mit einem Text auch im Abitur immer häufiger verlangt (*creative writing,* Kap. 1.5).

1.1
Texte lesen und verstehen

Bevor Sie einen Text bearbeiten können, müssen Sie ihn lesen. Je besser dabei Ihre Lesefertigkeiten sind bzw. je mehr **Lesetechniken** Sie beherrschen und anwenden können, desto schneller und einfacher gelangen Sie ans Ziel.

Ordnen Sie zuerst den Text einer Gattung zu: **Sachtexte** (nicht fiktionale Texte), wie z. B. Gebrauchsanweisungen, wissenschaftliche Veröffentlichungen oder Werbeschriften, haben einen Bezug zur Wirklichkeit. **Literarische** bzw. fiktionale **Texte** spielen sich in einer erdachten Wirklichkeit ab.

Wissen **Wichtige Grundbegriffe**

- **Sachtexte** *(non-fictional texts)* sind: *newspaper article, scientific text, advertisement.*
- **Fiktionale Texte** *(fictional texts)* sind: *novel, short story, drama.*
- **Lyrische Texte** *(poems)* sind: *ballad, sonnet.*
  Aufgepasst – *false friend:* ***Lyrics*** sind Songtexte!

Achten Sie dabei zunächst auf die **Überschrift:** Eine gute Überschrift bzw. ein treffender Buchtitel benennt das Thema eines Textes knapp und leicht verständlich und liefert so erste Hinweise auf den Inhalt der Lektüre. Und ein kurzer Blick auf den **Namen des Autors** bzw. **der Autorin** sowie das **Erscheinungsdatum** z. B. eines Zeitungsartikels liefert Ihnen weitere ergänzende Informationen.

Auch **Illustrationen** und **Fotos** haben die wichtige Funktion, Vorkenntnisse zum Thema abzurufen und das weitere Lesen zu steuern.

Methodik **Die wichtigsten Lesetechniken**

- *Skimming* (orientierendes Lesen): Das oberflächliche Lesen bzw. Überfliegen eines Textes liefert einen Überblick und einen ersten Eindruck vom Text. Wer einen Text überflogen hat, sollte in der Lage sein, Fragen nach dem Thema *(What is the text about?)* knapp beantworten zu können.
- *Intensive reading* (detailliertes Lesen): Das gründliche, intensive Lesen eines Textes ist Voraussetzung dafür, Fragen zum Inhalt, zum Aufbau und der Struktur eines Textes sinnvoll und richtig beantworten zu können. In der Phase des *intensive reading* ist es sinnvoll, im Text Unterstreichungen und Randnotizen anzubringen.
- *Scanning* (suchendes Lesen): Die Suche nach spezifischen, detaillierten Informationen erfordert ein suchendes Lesen, das dem Auffinden bestimmter Schlüsselbegriffe dient. Auf diese Technik werden Sie im Laufe der Textanalyse immer wieder zurückgreifen, um z. B. Textbelege zu finden, die Ihre Argumentation stützen bzw. widerlegen können.

Wenn Sie nun den Text lesen, wenden Sie diese Lesetechniken am besten in dieser Reihenfolge an:

1. ***skimming***
2. ***intensive reading***
3. ***scanning***

Greifen Sie dabei auf ein paar **technische Hilfen** zurück, die es Ihnen erleichtern, **den Text** zu **strukturieren:**

- Markieren Sie Schlüsselbegriffe! Ordnen Sie z. B. den verschiedenen Charakteren verschiedene Farben zu.
- Randnotizen (Fragezeichen, Ausrufezeichen etc.) machen wichtige Textstellen wiederauffindbar.
- Verwenden Sie (farbige) Haftnotizen, um Textstellen von besonders wichtiger inhaltlicher Bedeutung zu markieren.
- Wahren Sie Übersichtlichkeit: Markieren Sie jeweils nur einzelne Kernbegriffe und fassen Sie längere Textstellen von besonderer Bedeutung durch eine Klammer zusammen.

1.2 Verständnisaufgaben

Der erste Schritt einer ausführlichen Beschäftigung mit einem Text ist zumeist die Beantwortung von Verständnisfragen *(comprehension questions)*. Solche Fragen zielen immer auf die wesentlichen Merkmale, Ereignisse und / oder Vorkommnisse im Text und liefern daher einen Hinweis darauf, welche Themen für das Textverständnis tatsächlich von Bedeutung sind.

Es ist sinnvoll, solche Verständnisfragen – die immer an erster Stelle eines Fragenkatalogs formuliert sind – auch zuerst zu beantworten.

Typische Aufgabenstellungen

- What is the text about?
- What is the central idea of the text?
- What situation / event / conflict / problem / development does the text describe?
- What does the writer explain / describe in the text?
- What information does the text contain?

Mit der korrekten Beantwortung solcher Verständnisfragen zeigen Sie, dass Sie

- die im Text dargestellten Handlungen, Ereignisse und Sachverhalte zusammenfassend (und mit einem korrekten Bezug zu einer Leitfrage) erklären können,
- die Hauptthesen des Textes so gut verstanden haben, dass Sie diese in eigenen Worten (!) wiedergeben können,
- Schlüsselbegriffe benennen und erklären können sowie
- den Text in einen (inhaltlichen / historischen / übergeordneten) Zusammenhang stellen können.

Tipp

Bereits während der Lesephase (vgl. Kap. 1.1) haben Sie den Text, den Sie nun analysieren sollen, einer Textsorte zugeordnet. Wenn Sie nun die besonderen Merkmale der jeweiligen Textsorte (vgl. Kap. 3 und 5) im Gedächtnis parat haben, fällt Ihnen die Beantwortung von Verständnisaufgaben mit Sicherheit leichter.

Aufgabe 1

Bram Stoker: "Dracula"
What startling experience does the narrator have?
What information does the reader get about the I-narrator's reaction to this startling experience?

I only slept a few hours when I went to bed, and feeling that I could not sleep any more, got up. I had hung my shaving-glass by the window, and was just beginning to shave. Suddenly I felt a hand on my shoulder, and heard the Count's voice saying to me, "Good morning." I started, for it amazed me that I had not seen him, since the reflection of the glass covered the whole room behind me. In starting I had cut myself slightly, but did not notice it at the moment. Having answered the Count's salutation, I turned to the glass again to see how I had been mistaken. This time there could be no error, for the man was close to me, and I could see him over my shoulder. But here was no reflection of him in the mirror! The whole room behind me was displayed; but there was no sign of a man in it, except myself. This was startling, and, coming on the top of so many strange things, was beginning to increase that vague feeling of uneasiness which I always have when the Count is near; but at that instant I saw that the cut had bled a little, and the blood was trickling over my chin. I laid down the razor, turning as I did so half-round to look for some sticking-plaster. When the Count saw my face, his eyes blazed with a sort of demoniac fury, and he suddenly made a grab at my throat. I drew away, and his hand touched the string of beads which held the crucifix. It made an instant change in him, for the fury passed so quickly that I could hardly believe that it was ever there.

"Take care," he said, "Take care how you cut yourself. It is more dangerous than you think in this country." Then seizing the shaving-glass, he went on: "And this is the wretched thing that has done the mischief. It is a foul bauble of man's vanity. Away with it!" and opening the heavy window with one wrench of his terrible hand, he flung out the glass, which was shattered into a thousand pieces on the stones of the courtyard far below. Then he withdrew without a word. It is very annoying, for I do not see how I am to shave, unless in my watch-case or the bottom of the shaving-pot, which is, fortunately, of metal.

Annotations: bauble: pretty, bright and pleasing ornament of little value

Die **Königsdisziplin** der Beantwortung von Verständnisfragen ist das Anfertigen eines ***summary.*** Dies wird auch im Abitur häufig verlangt. Es informiert über die wesentlichen Aspekte eines Textes und formuliert diese treffend und geordnet. Zudem ist es frei von Wertungen und persönlichen Stellungnahmen.

Typische Aufgabenstellungen

- Sum up the text!
- Write a summary on the author's text!
- Give the main ideas of the text!

Gehen Sie bei der Anfertigung eines *summary* schrittweise vor:

- Formulieren Sie einen einleitenden Satz über das Thema, benennen Sie die Textsorte und nennen Sie den Namen des Autors. Ordnen Sie den Text möglichst in einen übergeordneten Zusammenhang ein.
- Der Hauptteil des *summary* widmet sich den Hauptfiguren, dem Ort und der Zeit der geschilderten Ereignisse bzw. der Handlung.
- Die Schlussbetrachtung *(conclusion)* fasst zusammen, was im Originaltext (also nicht Ihre eigene Meinung!) als Schluss formuliert wird.

Methodik Die sprachliche Gestaltung eines *summary*

Berücksichtigen Sie bei der sprachlichen Gestaltung folgende Punkte:

- Die Zeitform des *summary* ist das *present tense;* lediglich zur Beschreibung von vorzeitigem Geschehen greifen Sie auf *past-tense*-Formen zurück.
- Verwenden Sie indirekte Rede.
- Ersetzen Sie Aufzählungen durch Oberbegriffe.
- Verzichten Sie auf sprachliche Bilder – bleiben Sie nüchtern und sachlich.
- Formulieren Sie abwechslungsreich.

Aufgabe 2

Jeremy Paxman: "The English. A Portrait of a People"
Write a summary of the text.

What is most shocking about the violence of English hooligans is its entirely casual nature. I recall one tiny incident after the opening game of the 1996 European football championship, between England and Switzerland. The English had put on a professionally indolent performance and the Swiss held them to a 1-1 draw, better than they had ever expected to do at Wembley in front of over 70 000 English fans. The Swiss, who included more women and children among their supporters than you would expect to find at an English ground, were jubilant. They were good-natured and, by the standards of loutishness common among English fans, quiet and totally unthreatening. Outside the stadium they sang and danced in the streets four hours afterwards. On one kerbside, about forty of them, men, women and children, had lined up to a Mexican Wave. A young, shaven-headed Englishman on the other side of the street eyeballed them, ran across the road, shoved his face six inches from one of the young men in the crowd, and screamed "Wanker!" at him. The Swiss looked baffled. The Englishman gesticulated, moving his hand up and down. "You wanker!" he screamed again, drew back his fist, punched the man in the face and walked through the crowd. His walk was casual, cocky, slow enough to invite someone to try to retaliate for their friend's injury – he was now doubled up, with blood pouring from his nose. But none came, and the thug swaggered off down the pavement, doubtless eager to tell his friends that he'd "done" one of the visiting fans.

Tipp

Die fünf wichtigsten Fragen an einen Text, die sogenannten **W-Fragen,** lauten:
Who? What? When? Where? Why?

1.3 Analyseaufgaben

Analyseaufgaben zielen auf den Nachweis Ihrer Fähigkeit, einen Text **sprachlich** – also hinsichtlich der verwendeten Sprachebene sowie der Stilmittel – und **formal,** d. h. unter Berücksichtigung des Aufbaus und der Struktur, **entschlüsseln** zu können.

Anders ausgedrückt: Einen Text zu analysieren heißt, einzelne Aspekte genauer zu untersuchen, um ihn besser zu verstehen. Eine **gute Textanalyse** setzt dabei diese Punkte in Bezug zum Inhalt des Textes, d. h., sie **formuliert** zudem die **Absicht** und den **Zweck,** dem die beschriebenen Stil- und Strukturmittel dienen.

Bei der Beantwortung von Analyseaufgaben müssen Sie deshalb darauf achten,

- die Textsorte anhand ihrer Merkmale richtig zu bestimmen und diese Meinung begründen zu können,
- wichtiges Fachvokabular korrekt anzuwenden,
- Textstellen, die dazu geeignet sind, Ihre Argumentation hinsichtlich des gedanklichen Aufbaus / der Struktur des Textes zu unterstützen, aufzufinden, zu zitieren und zu erklären,
- gestalterische bzw. layouterische Besonderheiten und Auffälligkeiten nicht nur zu erwähnen, sondern zu erläutern (also zu untersuchen), welche Funktion diese Merkmale im Text übernehmen,
- Sprachebene und Stil feststellen, mithilfe von Textzitaten belegen sowie ihre Wirkung beschreiben und schließlich
- unterscheiden, ob, warum und auf welche Weise Tatsachen oder Meinungen dargestellt werden: Welche kommunikative Funktion hat der Text, soll er informieren, unterhalten, meinungsbildend wirken usw.?

Wissen **Die Bausteine fiktionaler Texte**

Die **verschiedenen Bausteine fiktionaler Texte** sind z. B.

- Schauplatz und Atmosphäre *(setting and atmosphere),*
- die handelnden Charaktere *(main character(s), character(s) of minor importance),*
- Erzähler *(omniscient narrator, I-narrator* usw.*),*
- Erzählperspektive *(point of view),*
- Spannung *(suspense).*

In Kap. 6.2 werden die Bausteine fiktionaler Texte näher erläutert.

Typische Aufgabenstellungen

- Explain the lines of argument in the text.
- Outline the sequence of events.
- Give reasons why this text can be called ironical / satirical / full of suspense ...
- Find examples of the stylistic devices which the author uses to interest the reader and explain their function.

Aufgabe 3

William Somerset Maugham: "A Writer's Notebook"
Explain the line of argument in the text.

The Shilling Shocker

Their authors have little honour among men and yet they are benefactors of their kind. They are conscious of the small esteem in which the world holds them and they refer to their works deprecatingly, with a shrug and a smile. They hasten to disarm your scorn by assuring you that they are not dupes. They are timid of praise. There are times when your mind is not attuned to good literature; there are times when your brain is weary, but restless; there are railway journeys; there is sickness: then what can be more comfortable than a good shocker? You plunge into murders, robbery, treacheries and blackmail, imprisonments and hairbreadth escapes, opium dens, thiever's kitchens, artists'studios, sumptuous hotels; you foregather with forgers, crooks, gunmen, detectives, adventuresses, stool pigeons, convicts, persecuted heroines and falsely accused heroes. Standards of excellence are not the same here as in other forms of art. Improbability is no bar to your enjoyment, economy of invention is a defect, graces of style are out of place, humour is damning. It is fatal if a smile should ever force its way to your unwilling lips: you must read with a high, with an intense and with a pitiless seriousness. You turn the pages with a nervous hand. The hours race by. You have defeated time. And then you have the ingratitude to throw aside the book with a sneer and look down upon its author. It is graceless.

Annotations: deprecatingly: feeling and expressing strong disapproval; stool pigeon: a criminal who helps the police to catch another criminal

1.4 Evaluationsaufgaben

Diese Art der Aufgabenstellung ist im Abitur häufig von besonderer Wichtigkeit. An dieser Stelle zeigen Sie, dass Sie in der Lage sind,

- einen Text kritisch zu bewerten,
- vorgegebene Meinungen zu hinterfragen und
- eine begründete Stellungnahme zu einer offenen Frage abzugeben.

Bei der Beantwortung von Evaluationsaufgaben haben sich die folgenden Arbeitsschritte bewährt:

- Sammeln Sie zunächst alle Fakten und Argumente; nehmen Sie dabei Bezug zum Text, weisen Sie aber auch auf Tatsachen bzw. Aspekte hin, die unberücksichtigt bleiben: Je nach Wertigkeit dieser Tatsachen und Aspekte nutzen Sie diese, um Ihre Argumentation zu stützen und dem Autor zuzustimmen bzw. ihn zu widerlegen.
- Ordnen Sie nun diese Argumente (siehe Kasten nächste Seite).
- Fertigen Sie nun eine grobe Gliederung ihrer Stellungnahme an; achten Sie darauf, zunächst in die Fragestellung einzuführen (an dieser Stelle ist häufig eine Begriffsdefinition sinnvoll!), und legen Sie nun Ihre Argumentation offen. Die Anordnung dieser Argumentation kann entweder linear oder wechselseitig erfolgen.
- Formulieren Sie eine Schlussbetrachtung – diese muss Ihre Argumentation sinnvoll abrunden!

Methodik **Eine Argumentation sinnvoll gliedern**

Es gibt zwei Möglichkeiten, eine Argumentation sinnvoll aufzubauen:
- Sie ordnen die Argumente gereiht – mit zunehmender Wichtigkeit aufsteigend – nacheinander an (**lineare Argumentation** bzw. Erörterung). Dabei steht das stärkste Argument am Schluss der Argumentationskette, da es so besser im Gedächtnis des Lesers haften bleibt.
- Sie wägen Pro- und Kontra-Argumente gegeneinander ab und beziehen in Ihrer Schlussbetrachtung Stellung oder formulieren einen Kompromiss (**dialektische Argumentation** bzw. Erörterung).

Die der Abiturprüfung angemessene Form der Argumentation bzw. Erörterung ist nicht die lineare, sondern die **dialektische Argumentation,** die eine ausformulierte Darstellung der gegensätzlichen Standpunkte sowie am Ende eine persönliche Stellungnahme erfordert.

Typische Aufgabenstellungen
- Examine the question whether ...
- Analyse the problem of ...
- Discuss whether ...

Es gibt zwei Arten der dialektischen Argumentation:
1. Die **Argumentation im Block:** Legen Sie zu Beginn die Antithese, also den Kontra-Standpunkt, offen. Führen Sie dann die verschiedenen passenden Argumente aus und ordnen Sie diese Gründe sowie die zugehörigen Belege und Beispiele nach abnehmender Wichtigkeit. Formulieren Sie nun eine Überleitung.
   Dann formulieren Sie die These, also den Pro-Standpunkt. Wenn Sie Gründe und Belege sowie die passenden Beispiele aufzählen, achten Sie darauf, diese nach zunehmender Wichtigkeit anzuordnen. Das wichtigste und schlagkräftigste Argument Ihrer Argumentationskette steht am Schluss: Es bleibt so dem Leser am besten in Erinnerung und erleichtert ihm die Zustimmung zu Ihrer Argumentation.
2. Die **wechselseitige Argumentation:** Formulieren Sie zunächst eine Einleitung, in der Sie These und Antithese kurz offenlegen. Argumentieren Sie nun immer abwechselnd, indem Sie zunächst ein Argument, das die These (also den Pro-Standpunkt) stützt, und entkräften Sie sodann dieses Argument mithilfe eines passenden Gegenarguments, das die Antithese untermauert. Verfahren Sie so mit jedem weiteren Argument.
   Achten Sie darauf, dass auch bei der wechselseitigen Argumentation das wichtigste und schlagkräftigste Argument am Schluss steht und bemühen Sie sich, eine logische und zu Ihrer Argumentation passende Synthese zu formulieren.

Aufgabe 4

Discuss the risks and benefits of genetic engineering. *Or:* Discuss the advantages and disadvantages of requiring German students to pay tuition fees for university studies.

1.5 Eigene Texte verfassen

Beim *creative writing* sollen Sie selbstständig einen Text verfassen. Im Gegensatz zur Argumentation bzw. Erörterung analysieren Sie dabei nicht neutral, sondern schildern persönlich involviert einen Sachverhalt bzw. ein Ereignis. Dafür entfällt zumeist die Evaluationsaufgabe.

Mit dem eigenständigen Verfassen eines Textes
- weisen Sie das Verständnis der Sachzusammenhänge eines Unterrichtsthemas an einer alternativen Textsorte nach,
- stellen Sie das Verständnis der Strukturmerkmale einer Textsorte durch die eigene Textproduktion unter Beweis.

Sie zeigen damit, dass Sie in der Lage sind, Anforderungen zu bewältigen, die über eine reine Inhaltsangabe, Analyse oder Bewertung hinausgehen. Beim Verfassen eines solchen kreativen Textes müssen Sie zunächst zwei grundsätzliche Kriterien berücksichtigen:
1. Rufen Sie sich die Ihnen bekannten **formalen Kriterien** der Textform (z. B. Tagebucheintrag, Brief, erfundener innerer Monolog einer Figur etc.), innerhalb deren Sie frei schreiben sollen, ins Gedächtnis und berücksichtigen Sie diese während des Schreibens.
2. Wählen Sie eine dem vorgegebenen Text angepasste **Stilebene** (vgl. hierzu auch Kap. 4) und halten Sie diese konsequent durch.

1.5.1 Einen Text ergänzen

Wenn Sie anknüpfend an einen Textausschnitt einen Text ergänzen, also weiterschreiben müssen, gehen Sie am besten so vor:
- Klären Sie die Ausgangssituation: Wer handelt wie in welcher Situation? Welche Konsequenzen ergeben sich aus dieser Personenkonstellation für das weitere Geschehen, das Sie nun gestalten?
- Sammeln Sie ausreichend Ideen: Überlegen Sie mögliche, zum Text passende Handlungen / Gedanken. Vermeiden Sie logische Brüche.

Tipp

Einen Text ergänzen kann auch heißen,
- eine Vorgeschichte zu erfinden. Achten Sie in diesem Fall darauf, dass Sie die Vorgeschichte so konstruieren, dass der Ihnen vorliegende Text logisch anschließt!
- eine Alternative zum Textende zu finden. Berücksichtigen Sie in diesem Fall, dass das neue Textende einen logischen Bezug zu den handelnden Charakteren sowie den bisherigen Geschehnissen aufweist.

Insbesondere Kurzgeschichten, aber auch viele Novellen und Romane verweisen z. B. durch Andeutungen in Gesprächen ihrer Protagonisten auf Ereignisse, die der Erzähler dem Leser vorenthält. Wenn Sie eine solche **Leerstelle kreativ füllen,** achten Sie ebenfalls darauf, dass Ihre Schilderungen einen logischen Bezug zu den bereits vom Autor vorgegebenen Ereignissen haben und die Personen in ihren jeweiligen Handlungen authentisch bleiben.

1.5.2 Die Perspektive wechseln

Wenn Sie anknüpfend an einen vorliegenden Textausschnitt oder mit Bezug auf einen Ihnen bekannten Text ein Geschehen aus einer anderen Perspektive schildern sollen, orientieren Sie sich an den folgenden Hinweisen:
- Welche logischen Konsequenzen ergeben sich aus der jeweiligen Erzählperspektive? Wer weiß was warum bzw. warum nicht?
- Erzeugen Sie Spannung! Schaffen Sie dazu evtl. eine Gegenfigur bzw. -position zur Hauptfigur.
- Verwenden Sie wörtliche Rede, um Personen lebendiger zu gestalten.
- Wählen Sie die Sprachebene passend zur Figur und deren Charaktereigenschaften.

1.5.3 Ein Textgeschehen kommentieren

Ganz egal, ob Sie einen Tagebucheintrag aus der Sicht einer Figur des Textes, einen Brief an einen der handelnden Charaktere oder einen inneren Monolog einer ins Geschehen involvierten Person verfassen sollen – die Tatsache, dass Sie sich bei diesen Aufgabentypen auf die Sichtweise und das Verhalten eines Individuums beziehen, verlangt von Ihnen, dass Sie konkret Stellung beziehen, also bereits über eine gefestigte Meinung verfügen, auf die Sie sich beziehen können.

Achten Sie deshalb darauf,

- Ihren Text logisch zu gliedern sowie
- Ihre Aussagen bzw. Argumente mit passenden Erzählungen, Belegen oder Beispielen zu untermauern und schließlich
- eine in sich schlüssige Schlussbetrachtung zu formulieren.

Aufgabe 5

Oscar Wilde: "The Picture of Dorian Gray"
Guess what the rumours about Dorian Gray, "these hideous things that people are whispering" about him, are all about.

"They must interest you, Dorian. Every gentleman is interested in his good name. You don't want people to talk of you as something vile and degraded. Of course you have your position, and your wealth, and all that kind of thing. But position and wealth are not everything. Mind you, I don't believe these rumours at all. At least, I can't believe them when I see you. Sin is a thing that writes itself across a man's face. It cannot be concealed. People talk sometimes of secret vices. There are no such things. If a wretched man has a vice, it shows itself in the lines of his mouth, the droop of his eyelids, the moulding of his hands even. Somebody – I won't mention his name, but you know him – came to me last year to have his portrait done. I had never seen him before, and had never heard anything about him at the time, though I have heard a good deal since. He offered an extravagant price. I refused him. There was something in the shape of his fingers that I hated. I know now that I was quite right in what I fancied about him. His life is dreadful. But you, Dorian, with your pure, bright, innocent face, and your marvellous untroubled youth – I can't believe anything against you. And yet I see you very seldom, and you never come down to the studio now, and when I am away from you, and I hear all these hideous things that people are whispering about you, I don't know what to say."

1.5.4 Texte umwandeln

Manchmal wird auch verlangt, einen Text formal umzuschreiben, z. B. eine Kurzgeschichte in ein kurzes Drama mit aktiv handelnden Personen zu verwandeln. Wichtig bei dieser Aufgabenstellung ist, dass Sie

- die Textgattung des Ausgangstexts korrekt bestimmen,
- die wichtigen inhaltlichen Aspekte genau benennen können, um diese korrekt zu übernehmen, sowie
- die typischen Merkmale der Textgattung des Zieltextes kennen.

Ihre kreative Leistung bei dieser Aufgabenstellung besteht nun darin, die inhaltlich bedeutsamen Aspekte des Ausgangstextes an die formalen Vorgaben des Zieltextes anzupassen und einen gut lesbaren, neuen Text zu formulieren.

Typische Aufgabenstellungen

- Imagine how the story could go on.
- Guess what happened before the story began.

- Imagine you are character X of the story. Write a letter to your friend about the events that had an influence on you.
- Guess what happened in between two events / in the years that passed / while one of the characters was away etc.
- Imagine you are the host of a TV show. Discuss the events of the story with your guests!
- Imagine you are character X. Re-tell the story from their point of view.

Aufgabe 6

Matthew Arnold: "East London"
Read the poem by Matthew Arnold (1822–1888) thoroughly and re-write it as short story.

East London

'Twas August, and the fierce sun overhead
Smote on the squalid streets of Bethnal Green,
And the pale weaver, through his windows seen
In Spitalfields, look'd thrice dispirited.

I met a preacher there I knew, and said:
"Ill and o'erworked, how fare you in this scene?"
"Bravely!" said he; "for I of late have been
Much cheered with thoughts of Christ, *the living bread.*"

O human soul! As long as thou canst so
Set up a mark of everlasting light,
Above the howling senses' ebb and flow

To cheer thee, and to right thee if you roam –
Not with lost toil thou labourest through the night!
Thou mak'st the heaven thou hop'st indeed thy home.

Annotations: to smite: *dt.* niederbrennen; dispirited: discouraged; to fare: to get on; to right s. o.: *dt.* jdn. auf den rechten Weg bringen; toil: hard work

Methodik **Einen Text sinnvoll verbessern**

Eine der wichtigsten Aufgaben am Ende des kreativen Schreibprozesses ist die Verbesserung.

- Lesen Sie zunächst Ihren fertigen Text gründlich durch.
- Achten Sie auf inhaltliche Richtigkeit: Formulieren Sie den Text um, falls Sie Unstimmigkeiten oder logische Brüche entdecken.
- Legen Sie besonderes Augenmerk auf fließende Übergänge.
- Überprüfen Sie Anfang und Schluss Ihres Textes: Ist die Einleitung gelungen? Bekommt der Leser die zum Textverständnis notwendigen Informationen geliefert? Sind die Bezüge der Ereignisse zueinander logisch? Steht das Ende des Textes im Einklang mit dem Titel, dem Thema, der Aussage und der Stimmung des Textes? Rundet der Schluss den Text angemessen ab?

2
Aufbau einer Textarbeit

Jeder Text ist ein Medium, das dazu dient, anderen etwas mitzuteilen. Dabei gibt es verschiedene Mitteilungszwecke, die unterschiedlichen Textsorten zugeordnet werden:

Mitteilungszweck	**Textsorte**
erklären *(to explain)*	Begriffsbestimmung *(definition)*
beschreiben *(to describe)*	Beschreibung *(description)*
informieren *(to inform)*	Zusammenfassung *(summary)*
überzeugen *(to convince)*	Argumentation *(comment, discussion)*
einladen *(to invite)*	Einladung *(invitation)*
werben *(to advertise)*	Werbung *(advertisement)*
unterhalten *(to entertain)*	Unterhaltung *(entertainment)*

Damit alle – auch selbst verfasste – Texte ihren jeweiligen Mitteilungszweck erfüllen können, gelten bestimmten Kriterien: Ein Text soll verständlich, logisch aufgebaut und übersichtlich sein.

2.1
Einen Text gliedern

2.1.1
Einleitung

Eine Einleitung macht den Leser mit dem Thema des Textes vertraut. Dabei ist es sinnvoll, zunächst eine Begriffsdefinition *(definition)* zu formulieren. Eine solche Begriffsdefinition

- erklärt knapp die gedankliche Vorstellung des behandelten Sachverhalts und stellt somit einen unverzichtbaren Beitrag zur Verständlichkeit des Textes dar,
- stellt zudem die Hauptmerkmale des Begriffs heraus,
- grenzt den Begriff von anderen, sinnverwandten Begriffen ab
- und beschränkt sich auf das Wesentliche.

Eine gute Einleitung liefert somit dem Leser die grundlegenden Informationen, die zum Verständnis der weiteren Lektüre notwendig sind.

Damit der Text verständlich bleibt, ist es zudem wichtig, eine geeignete Wortwahl zu treffen. Die Verwendung von Elementen der Jugendsprache (z. B. Emoticons und Akronyme) sind häufig nicht allgemein verständlich. Auch Fachvokabular bedarf zumeist einer Erklärung.

2.1.2 Hauptteil

Auf die Einleitung folgt der Hauptteil. An dieser Stelle eines Textes werden die unterschiedlichen Standpunkte dargelegt und diskutiert, die verschiedenen Aspekte eines Themas genauer untersucht und sämtliche Argumente näher betrachtet.

Um einen Text sinnvoll zu gliedern, gehen Sie am besten **systematisch** vor. Achten Sie darauf, Ihre Darstellung bzw. Argumentation logisch, d. h. für den Leser nachvollziehbar, aufzubauen.

Unterteilen Sie den Text in Absätze *(paragraphs):* Jeder neue Aspekt eines Textes bzw. jedes Argument, das Sie genauer erklären und mit Beispielen belegen, verdient einen eigenen Absatz. Ein solcher Absatz wird dabei in der Regel eingeleitet durch einen sog. ***topical sentence,*** der knapp die Hauptaussage des folgenden Abschnitts formuliert. Aus ihm entwickeln sich in logischer Reihenfolgen Erläuterungen, Einzelheiten oder auch Einschränkungen der Aussage *(general-to-particular structuring).*

Je übersichtlicher ein Text gestaltet ist, desto leichter fällt dem Leser auch das Textverständnis. Auch **Zwischenüberschriften** vereinfachen die Lektüre.

Methodik **Mit sich selbst „brainstormen“**

- Notieren Sie sich auch in der Abiturklausur die unterschiedlichen Aspekte bzw. Argumente eines Themas jeweils einzeln auf Karteikärtchen oder Notizzetteln. (Reißen Sie ggf. ein DIN-A4-Papier auseinander.)
- Legen Sie diese Zettel in unterschiedlicher Anordnung nebeneinander und spielen Sie in Gedanken durch, welche Reihenfolge am sinnvollsten erscheint.
- Beginnen Sie erst mit dem eigentlichen Schreibprozess, wenn Sie die Reihenfolge für allgemein verständlich erachten!

Hervorhebungen sind ein weiteres Mittel, eine Aussage bzw. ein Argument besonders zu betonen. Da Abiturklausuren noch immer von Hand geschrieben werden, steht Ihnen als Mittel zur Hervorhebung nur die

Unterstreichung zur Verfügung. Verwenden Sie dabei unbedingt ein Lineal und achten Sie darauf, solche Hervorhebungen sparsam zu verwenden, da sie sich sonst abnutzen.

(Merke: Hervorhebungen in computergeschriebenen Texten werden dagegen entweder **fett** oder *kursiv* gesetzt – Unterstreichungen sind hier unüblich.)

2.1.3 Schlussfolgerung

Am Ende der ausführlichen Beschäftigung mit einem Thema müssen Sie zu einer Synthese gelangen: Es gilt, die verschiedenen Standpunkte gegeneinander abzuwägen und eine persönliche Stellungnahme oder einen Kompromissvorschlag zu formulieren. Dabei können durchaus persönliche Erfahrung oder auch ein Vergleich mit themenverwandten Texten in die Schlussbetrachtung *(conclusion)* miteinbezogen werden.

Methodik **Wendungen für eine Schlussbetrachtung**

- It is for these reasons that I think that ...
- The author has / I have come to the conclusion that ...
- The author finishes / I'd like to finish by suggesting ...
- According to the author ...
- To my mind / In my opinion ...

2.2 Richtiges Zitieren

Jede Behauptung, jedes Argument einer Textanalyse muss für den Leser nachvollziehbar sein. Deshalb müssen Sie solche Behauptungen und Argumente durch das Anführen von Beispielen begründen:

- Beweisen Sie eine Aussage, indem Sie ganz konkret die Textstellen nennen, auf die Sie sich beziehen (Angabe von Seite und Zeile).
- Wenn Sie mit einer Aussage auf einen ganzen Absatz *(paragraph)* Bezug nehmen, ist es sinnvoll, die Anfangs- und Endzeilen dieses Abschnittes wörtlich wiederzugeben.

Wörtliche Übernahmen einer Formulierung aus einem Text bezeichnet man als **Zitate** *(quotations)*. Insbesondere wenn Sie einen Text interpretieren, d. h. seine Bedeutung für den Leser aufschlüsseln und erklären, müssen Sie in der Abiturklausur zitieren – und zwar richtig!

Achten Sie deshalb darauf,

- An- und Abführungszeichen *(quotation marks)* zu verwenden,
- die Fundstelle durch Seiten- und Zeilenangabe exakt zu benennen; falls Sie sich in der Klausur auf Texte von verschiedenen Verfassern beziehen, müssen Sie selbstverständlich auch den Namen des Autors nennen,
- Auslassungen, z. B. weniger wichtige Nebensätze, durch eine Klammer mit Auslassungspunkten zu kennzeichnen: „(...)".

Beispiel: Michael Moore states that the "idea that having a gun is the only way to ensure 'home protection' is a myth" (Michael Moore 2001, page ..., line ...).

Wenn Sie in Ihrer Klausur die Aussage eines Textes bzw. Textabschnitts nur **sinngemäß übernehmen** *(paraphrasing)*, müssen Sie dennoch auf den Primärtext verweisen. Nennen Sie die Fundstelle mit Seiten- und Zeilenangabe, aber verzichten Sie auf die An- und Abführungszeichen, da es sich ja um eine eigenständige Formulierung handelt. Die Nennung des Verfassers ist auch beim *paraphrasing* nötig, da es ansonsten zu Verwechslungen von verschiedenen Bezugstexten kommen kann.

Beispiel: The possession of handguns does not automatically mean that the house is safer. (Michael Moore 2001, page ..., line ...)

2.3 Grammatisches Grundwissen

Bei der Benotung einer Abiturklausur ist die sprachliche Richtigkeit ein wichtiges und oftmals entscheidendes Kriterium. Es lohnt sich also, eine solide sprachliche Basis zu schaffen und sich auf die unterschiedlichen sprachlichen und grammatischen Anforderungen vorzubereiten.

Tipp

Grundlagenwissen zu den Themen Zeiten *(tenses)*, Modalverben *(modals and auxiliaries)*, unregelmäßige Verben *(irregular verbs)*, Fragen und Verneinung *(questions and negative forms)*, indirekte Rede *(reported speech)*, Passivformen *(passive voice)*, zu Wortarten *(nouns, verbs, adjectives)*, Pronomen und Mengenangaben **wiederholen Sie am besten mithilfe von Übungsbüchern.** Dabei lohnt es sich, anhand bereits korrigierter Klausuren einen Schwerpunkt auf die Themen zu legen, bei denen Sie persönlich die größte Fehlerhäufigkeit an den Tag legen!

Für Abiturklausuren unverzichtbar aber ist ein über das Grundwissen hinausgehendes Wissen, das sich daran orientiert, welche grammatischen Strukturen sich dazu eignen, bestimmte inhaltliche Sachverhalte gekonnt zu formulieren. Besonders wichtig dabei ist z. B. der Satzbau:

Einfache Sätze (Satzreihen, Parataxen) bestehen aus einfachen Hauptsätzen, die durch Kommas oder die beiordnenden Konjunktionen *(coordinating conjunctions) and / or / but / nor / for* miteinander verbunden werden. Längere Satzgefüge (Hypotaxen) bestehen aus mindestens je einem Haupt- und Nebensatz. Diese sind durch Kommas oder unterordnende Konjunktionen *(subordinating conjunctions),* z. B. *because, since, if, although* usw. verbunden.

Die Verwendung solcher Satzgefüge bewirkt einen Unterschied im Sprachstil – sie sind eher formal. Erst der korrekte Gebrauch von Bedingungssätzen, Infinitivkonstruktionen, Adverbialsätzen bzw. Sätzen mit Gerundium ermöglicht das abwechslungsreiche Formulieren von Sachverhalten auf Abiturniveau!

2.3.1 Bedingungssätze

Bedingungssätze *(conditional sentences)* nennen die Bedingung bzw. Voraussetzung, unter der ein Ereignis stattfindet bzw. ein Zustand eintritt. Sie bestehen aus

- einem Nebensatz *(if-clause),* der die Bedingung nennt, und
- einem Hauptsatz, der die Folgen beschreibt.

Es gibt drei Typen von Bedingungssätzen:

- **Typ I: Reale Bedingung** *(probable / real condition):* Die genannte Bedingung ist erfüllbar. Im Hauptsatz steht dabei das *will-future* bzw. ein modales Hilfsverb + Vollverb, im Nebensatz das *simple present:*
  If it rains, we won't go swimming.
- **Typ II: Irreale Bedingung der Gegenwart** *(improbable / unreal condition):* Die genannte Bedingung ist nicht erfüllbar oder nicht wahrscheinlich, allerdings auch nicht gänzlich unmöglich. Im Hauptsatz steht deshalb *conditional I* oder ein modales Hilfsverb + Vollverb, im Nebensatz das *simple past:*
  If the class finished early, I could catch an earlier bus.
- **Typ III: Irreale Bedingung der Vergangenheit** *(impossible condition):* Die genannte Bedingung ist nicht mehr erfüllbar. Der Hauptsatz wird gebildet mit *conditional II*, im Nebensatz steht das *past perfect:*
  If it hadn't rained, we would have gone swimming.

2.3.2 Infinitivkonstruktionen

Mithilfe von Infinitivkonstruktionen mit oder ohne *to* kann im Englischen ein Sachverhalt verkürzt (und somit ziemlich elegant) ausgedrückt werden. Neben dem Infinitiv Präsens *(to keep)* gibt es folgende Formen:

- Infinitiv Präsens Verlaufsform: *to be keeping,*
- Infinitiv Präsens Aktiv: *to have kept,*
- Infinitiv Präsens Passiv: *to be kept,*
- Infinitiv Perfekt Passiv: *to have been kept.*

Infinitiv ohne *to*

Nach **Verben der sinnlichen Wahrnehmung** *(to see, to hear, to feel, to watch, to notice)* dient der Infinitiv ohne *to* zur Satzverkürzung:

I heard them argue over money. She watched him open the safe.

Nach **Verben des Veranlassens** *(make s. o. do s. th.)* und **Zulassens** *(let s. o. do s. th.)* steht der Infinitiv ohne *to:*

She let her dogs run free. He made me read a book I don't like.

Nach dem Adverb *better* in der Wendung ***had better do s. th.*** (= sollte lieber ...) muss der Infinitiv ohne *to* stehen:

She'd better eat breakfast before school.

Infinitiv mit *to*

Nach *there is / are* und *there was / were* mit in die Zukunft zielender Bedeutung sowie bei *to blame* steht der Infinitiv mit *to:*

There were many rules to remember / to be remembered. Nobody is to blame for the disaster, it was just bad luck.

Der Infinitiv mit *to* kann einen Nebensatz ersetzen:

- Bei **Fragewörtern** und ***whether,*** also in Fällen, in denen im Deutschen häufig ein indirekter Fragesatz steht:
  She could not remember which road to take. They can't decide whether to stay or to move.
- Bei Bewertungen durch **Superlative, Zahlwörter** und bestimmte **Adjektive,** also in Fällen, in denen im Deutschen zumeist ein Relativsatz steht:
  He is the youngest player ever to win that competition.
- Zum Ausdruck von **Ziel, Zweck** oder **Absicht,** also anstelle eines Finalsatzes:
  He cooked a delicious dinner in order to impress her.

- Nach *for* + Substantiv oder Pronomen, häufig in Verbindung mit einem emphatischen *too* oder *enough:*
  These trousers are too expensive for her to buy.
- Nach **Verben des Wünschens, Veranlassens** und **Verursachens** (*to advise, to allow, to ask, to cause, to encourage, to expect, to force, to help, to intend, to mean, to order, to persuade, to remind, to tell, to want, to warn* + Objekt) + Infinitiv:
  I didn't mean to hurt you (Infinitiv Aktiv). I wanted the story to be told (Infinitiv Passiv).
  Diese Infinitivstruktur kann auch im Passiv verwendet werden:
  The alarm was intended to stop the performance.

Adverbialsatz	Konjunktion	Beispiel
des Ortes *(adverbial clause of place)*	*where, wherever, as far as*	I couldn't see my book **wherever** I looked. **As far as** I can remember, he was drunk when he left.
der Zeit *(adverbial clause of time)*	*when, before, while, until, as soon as, after, whenever, since, as long as, no sooner … than* (mit Inversion)	I'll see you next year **when** we're in California again. **No sooner** did he arrive at the cinema **than** the film began.
des Grundes, der Ursache *(adverbial clause of reason)*	*for, because* (nachgestellt), *as, since* (vorangestellt)	She was worried **because** her boyfriend was late. **As** you refuse pizza for dinner, you'll have to stay hungry.
der Folge *(adverbial clause of result)*	*that, so that, so … that*	The fridge was locked **so that** she wouldn't eat.
des Zwecks *(adverbial clause of purpose)*	*that, so that, in order to / so as to*	The pupil told a lie **so as to** avoid detention. She changed jobs **in order to** earn more money.
der Einräumung *(adverbial clause of concession)*	*(al-)though, even if, even though, however*	**Even though** she wasn't sad, she cried. **However** hard it may rain, I refuse to take an umbrella.
des Gegensatzes / Vergleichs *(adverbial clause of contrast)*	*whereas, as … as, as if, the* + Komparativ … *the* + Komparativ	My brother likes pizza **whereas** I prefer spaghetti. **The** later it got, **the** more worried he became.

2.3.3 Adverbialsätze

Adverbialsätze *(adverbial clauses)* liefern zusätzliche inhaltliche Angaben, die die im Hauptsatz geschilderte Handlung ergänzen.

2.3.4
Sätze mit Gerundium

Die Formen des Gerundium *(gerund)* werden aus einem Vollverb gebildet. Es gibt das Gerundium im

- Präsens Aktiv: *reading,*
- Präsens Passiv: *being read,*
- Perfekt Aktiv: *having read,*
- Perfekt Passiv: *having been read.*

Es kann in einem Satz an verschiedenen Stellen stehen und wird häufig durch ein Objekt oder eine Orts- bzw. Zeitangabe ergänzt:

- als Subjekt: **Reading** this book will make you happy.
- als Objekt: She prefers **swimming** in a lake to **lying** in the sun.
- als Verbergänzung: His favourite activity is **biking.**

Im Englischen gibt es zahlreiche Fälle, die den Gebrauch des Gerundiums zwingend fordern. Schlagen Sie notfalls in Ihrem einsprachigen Wörterbuch nach, wenn Sie sich unsicher sind, und beweisen Sie Sprachgewandtheit!

Wissen **Fälle, in denen ein Gerundium stehen muss**

- **Präpositionen:** *about, by, for, from, in, in spite of, instead of, without:*
  That goes without saying. Instead of doing the dishes, she read a book.
- **Verb + Präposition:** *to apologize for, to believe in, to complain about, to depend on, to dream about, to end up, to get down to, to insist on, to look forward to, to think of:*
  She apologized for being late. They ended up going out for dinner.
- **Substantiv + Präposition:** *chance of, danger of, difficulty in, experience in, for fear of, interest in, objection to, opportunity of, pleasure in, reason for, trouble in:*
  There's no chance of winning. She gets a lot of pleasure from gambling.
- **Adjektiv + Präposition:** *afraid of, capable of, engaged in, familiar with, far from, fed up with, fond of, interested in, keen on, tired of, used to:*
  I'm afraid of losing my job. She is used to getting up early.
- **Verb ohne Präposition:** *to admit, to avoid, to enjoy, to finish, to mind, to practise:*
  He admits being undecided. She enjoys practising the piano.
- **Idiomatische Wendungen:** *there is no point (in), it is no use / useless / no good, it is worth / worthwhile, to put an end to, how about:*
  It's not worth buying that book. How about spending a weekend in Rio?

Die Verben *to forget, to remember, to stop, to go on* und *to try* haben unterschiedliche Bedeutung, je nachdem, ob ein Infinitiv oder ein Gerundium folgt:

Infinitiv	Gerundium
to forget to do something vergessen, etwas zu tun	*to forget doing something* vergessen, etwas getan zu haben
to remember to do something daran denken, etwas zu tun	*to remember doing something* sich daran erinnern, dass man etwas getan hat
to stop to do something anhalten, um etwas zu tun	*to stop doing something* damit aufhören, etwas zu tun
to go on to do something dazu übergehen, etwas zu tun	*to go on doing something* damit weitermachen, etwas zu tun
to try to do something sich bemühen, etwas zu tun	*to try doing something* etwas ausprobieren

2.3.5 Sätze mit Partizip

Ein Partizip wird immer aus einem Vollverb gebildet und im Satz entweder wie ein Adjektiv oder aber zur Verkürzung von Nebensätzen verwendet – vorausgesetzt, Haupt- und Nebensatz haben dasselbe Subjekt!

Neben der Tatsache, dass mithilfe von Partizipialkonstruktionen gebildete Nebensätze dem Leser häufig zusätzliche (z. B. kausale oder temporale) Informationen liefern, klingen solche Sätze häufig auch stilistisch besser. Es gibt das

- *present participle* (mit aktivischer Bedeutung): *washing,*
- *perfect participle* (mit passivischer Bedeutung): *washed.*

Aufgepasst: Das *perfect participle* kann auch dazu verwendet werden, vorzeitige Handlungen auszudrücken:

- *perfect participle active:* **Having washed** her face she felt much better.
- *perfect participle passive: having been + past participle:* **Having been washed** twice his shirt no longer looked new.

Außerdem wird nach **Verben der sinnlichen Wahrnehmung** statt des Infinitivs das *present participle* benutzt, um den Verlauf einer (oft etwas länger andauernden) Handlung zu betonen:

We heard them singing next door (Aktiv). They watched their car being repaired (Passiv).

Das *present participle* folgt auch auf **Verben der Ruhe und Bewegung** *(to come, to go, to stand, to sit, to lie, to stay)* sowie nach *to keep, to find, to hold, to send.*

The young man left the girl standing in the dark. The teacher kept the pupils waiting for their marks for more than three weeks.

Wissen **Das Partizip zur Verkürzung eines Nebensatzes**

- **Das Partizip als verkürzter Relativsatz**
  The girl standing on top of the ladder is my little niece anstelle von *The girl who is standing ...*
  Photos taken on Mars were transmitted to the earth anstelle von *Photos that were taken on Mars ...*
- **Das Partizip als verkürzter adverbialer Nebensatz**
  Hearing the little girl cry, she ran out to help and comfort her anstelle von *Because she heard the little girl cry, ...*
- **Das Partizip anstelle eines temporalen Nebensatzes**
  Nach Konjunktionen wie *after, before, when, while* oder *until* kann das Partizip anstelle eines temporalen Nebensatzes verwendet werden:
  After talking to his girlfriend about the night before, he felt much better anstelle von *After he had talked to his girlfriend about ...*
  Having made up her mind, she decided to travel to Columbia no matter how worried her parents were anstelle von *After she had made up her mind, she decided ...*

Es gibt zudem noch einige **feste Wendungen,** in denen immer ein Partizip steht, das sich auf den gesamten nachfolgenden Satz bezieht:

- ***broadly / generally / roughly / strictly speaking:*** Generally speaking, the "Oscar" is the most important award in the movie business.
- ***supposing that:*** Supposing that you are wrong, where else will you go then?
- ***taking into consideration:*** Taking her young age into consideration, her essay is even more brilliant.
- ***weather / time / health permitting:*** Health permitting, my 80 year-old grandmother will travel to the States this summer.

Das Partizip mit *with* + Substantiv

Um im Englischen einen Grund oder einen Umstand zu formulieren, wird manchmal die Konstruktion ***with + noun + participle*** verwendet. Diese Partizipialkonstruktion wird im Deutschen mit einer Subjunktion des Grundes oder der Ursache (aufgrund, weil, da etc.) übersetzt.

Aufgepasst: Wenn der Grund bzw. der Umstand einen aktiven Sinn hat, benutzt man das *present participle* (*-ing*-Form), bei passivem Sinn wird das *past participle* (3. Form des Verbs) gebraucht:

- Aktiv: **With the number** of famous actors **increasing,** the production of George Clooney's "Ocean's Thirteen" became more and more expensive. **With airlines having invested** much money into security on planes, passengers feel safer.
- Passiv: **With** a lot of **money spent** on fast food, young boys and girls have a high risk of becoming overweight.

2.4
Vokabular für Textanalyse und Kommentar

2.4.1
Link Words und *Sentence Connectives*

Wer einen Text verfassen möchte, sollte einen möglichst großen Wortschatz beherrschen. Für die Textanalyse besonders wichtig sind dabei die sogenannten *link words* oder auch *sentence connectives,* die gekonnte Überleitungen zwischen verschiedenen Satzgliedern schaffen. Solche Wörter, Strukturen und Wendungen können einleitend, unterordnend, vergleichend, schlussfolgernd usw. verwendet werden.

Die folgenden *link words* und *sentence connectives* sind thematisch gruppiert und dienen jeweils unterschiedlichen Zwecken.

Hervorhebung:
above all – Above all, the text contains a lot of imagery.
indeed – Indeed, the text is not very difficult.
definitely – Mr Smith is definitely a flat character.
certainly – The text is certainly very interesting, but it is far too complex.
surely – It should surely be possible for Mrs Miller to get along with her partner.
no doubt – No doubt she will eventually leave him.
as a matter of fact – It is an interesting text. As a matter of fact, I enjoyed reading it.
naturally / of course – Naturally / Of course he will make a clean breast of it.

Vergleich:
like – Like many short stories, this story ends with a punch-line.
similarly – In the first part of the text, slang words abound. Similarly, in the final part, the author uses quite a few slang expressions.
on the one hand … on the other hand – On the one hand, X's speech is consistent with his behaviour, on the other hand there is a discrepancy between language and behaviour.
likewise – The second part of the text is likewise difficult to understand
as … as – The atmosphere established in the first text is as gloomy as the one in the second text.
equally – The author creates flat characters, but equally, he has got to consider their frame of mind.
as well as – This character as well as the others, are well rounded.
in the same way – Years later, the protagonist acted exactly in the same way as before.

Ergänzung:

at that – X is characterized in an indirect way, and in a very precise way, at that.
furthermore – Mrs / Mr ... had not discussed the matter with her. Furthermore, he had not even contacted her.
moreover – The writer's style is lucid, and moreover his diction is perfect.
what is more – She admitted she had spoken to him and, what is more, had told him about her secret.
in addition – There is, in addition, one further point to make.
also – She went to New York, and also spent some time in Chicago.
besides – Besides working as a doctor, he also writes novels in his spare time.
apart from – Apart from being too long, the text is boring.
then – She was in a lot of trouble and then there was another problem.
first(ly) ... second(ly) ... third(ly) – There are several characteristic features: First(ly), the style is fluid, second(ly), the diction is apt, third(ly), the delineation of characters is perfect.
first ... then ... finally – First Jago instills doubts into Othello, then Othello flies into a rage, finally he kills Desdemona.
last but not least – The boys wanted to explore the woods, feel the thrill of danger and, last but not least, find the dead body.

Einschränkung:

yet – The text is pretty complex. Yet it makes for interesting reading.
however – The story is well-written. However, it is not tightly argued.

Veranschaulichung:

for example / for instance – The writer uses various structural devices, for example / for instance panoramic and scenic presentation.
thus – X makes use of verbal irony, thus creating a sarcastic tone.
such – Such was her opinion before meeting X.

Zugeständnis:

although / though / even though / nevertheless / nonetheless – The text is too long, but nevertheless / nonetheless, informative and entertaining.
of course – Of course, there are other ways of characterizing X.
after all – After all, she is an intelligent and beautiful woman.
still – She is lively and ebullient. Still, she is in a pensive mood.
all / just the same – All / Just the same, there is some truth in what she says.
maybe / perhaps – Maybe / Perhaps this is the writer's finest novel yet.
however – I do not think the writer's style is appropriate, however skilful his choice of words is.

Gegensatz / Kontrastierung:
but – The situation looked desperate, but he didn't give up hope.
despite / in spite of – The boys went into the woods despite / in spite of all the danger signs.
unlike – Unlike Othello, Jago is a scheming character.
by contrast – When you look at X's style, Y's seems very vivid by contrast.
in contrast to – In contrast to X's belief that he will fail, Y is confident that he will succeed.
whereas / while / on the other hand – The story is ingeniously told, whereas / while / on the other hand its structure is loose and vague.
on the other hand – The narrative is remarkable for its striking imagery, on the other hand its plot is rather woolly.
on the contrary – This is not a simple story; on the contrary, it is highly complex.
however – X may, however, have reasons that we don't know about.
even so – There are some inconsistencies in the text; even so, it is quite a good text.

Schlussfolgerung:
consequently / therefore / as a result – X refused to help his wife; consequently / therefore / as a result she was driven to despair.
accordingly / for that reason – The characters are well-drawn. Accordingly / For that reason they are very credible.

Zusammenfassung:
in summary / to sum up – In summary / To sum up, there are three ways of characterization.
in conclusion – In conclusion, I should like to say that I enjoyed the text.
at last / finally – And at last / Finally, I'd just like to say that the text is remarkable.
in short / to cut a long story short – In short / To cut a long story short, I found the text extremely amusing.
the long and short of it – The long and short of it is that the writer missed the point.

Grund / Ursache:
as / since / because – As / Since / Because the narrative glides between the past and the present, the reader is somewhat puzzled.
for – He believed her, for surely she would not lie to him.
on account of / because of – The story has got under my skin on account of / because of its gripping topic.
owing to – Owing to the writer's quick prose, the text is easy to read.
thanks to – It is thanks to the author's skill that the reader is engrossed in the story.

Bezugnahme:
concerning / relating to – Questions concerning / relating to style are to be considered at length.
regarding / as regards / as to – Regarding / as regards / as to the build-up of suspense, one can say that ...
pertaining to – The principles pertaining to style are difficult to evaluate.
as far as ... is concerned – As far as characterization is concerned, the writer is at his best.

Meinung:
in my opinion / to my mind – In my opinion / To my mind, the story is not very plausible.
as far as I am concerned – As far as I am concerned, I feel the characters are well-drawn and credible.
personally – Personally, I prefer tales where facts and fantasy merge.
I am of the opinion – I am of the opinion that the end of the story is contrived.

2.4.2 *Useful Phrases for Literary Analysis*

Die folgenden Wendungen und Formulierungen können Ihnen beim Verfassen eines eigenen Textes im Bereich der Textanalyse hilfreich sein.

Structure and plot
The structure of the story is loose and vague.
The story is constructed in a linear fashion.
The plot is firmly structured / complicated.
The drama / the tale / the story unfolds.
The plot thickens.

The story revolves around ...
The scene is unrolling before us.
The story develops in the following way: ...
Storylines constantly interweave.

The story climbs to / grows to / moves towards its climax / ending.
The writer builds towards the climax / the key moment.
The author establishes an ascending series of moments of tension.
An intensification of the story may be observed.

The story nears its end.
The story is concluded.
The writer handles the plot superbly.

The story is ingeniously told.
The story is well-written and tightly argued.
The narrative is remarkable for the excellence of individual scenes and for its striking imagery.
The writer plots out a decent story.
... the writer's terse and rapid narration ...

The narrative changes between the present and the past.
The writer interweaves dream and reality.
Facts and fiction merge in the tale.
The writer weaves different aspects together into a vivid and readable narrative.
Narration is interspersed with eyewitness and newspaper reports.
The writer achieves a montage of viewpoints that ultimately gives us the whole story.

Plot and characters grip the attention of the reader.
The motif stretches through the story.
The main themes of the genre are laid down in the story.
The narrator is straying away / wandering away from his story.
The narrator loses the thread of his discourse.
The story takes diverse plot directions.
The author works out self-contained scenes.
The writer draws the diverse threads of his story together.
The author picks up the thread of the plot.

Suspense
The author generates / works up / builds up suspense by ...
The plot holds suspense.
The suspense intensifies / climbs to its climax.
The writer winds the story's suspense a little tighter (the tightening of suspense).
The writer draws out / delays the suspense.
The decision of the protagonist makes for considerable suspense.
Atmosphere is an integral element in the suspense.
The scene constitutes a high-water mark of suspense.

Structural devices
There are flashbacks and foreshadowings.
Most of the story is given over to flashbacks.
There are hints as to the nature of the events.
The author focusses on all previous events.
The writer sets up a contrast between dark and light.
The author introduces a digression.

Atmosphere

The atmosphere moves steadily from reality to the supernatural.
The author evokes / establishes / conjures up an atmosphere of doom.
The author builds a powerful, dense atmosphere.
The surroundings provide a highly atmospheric setting.

Point of view

The author restricts our perspective to the protagonist's point of view.
The story is told through the eyes of the protagonist.
There is a deliberate manipulation of the reader's perception of events.
The train of thought by which the protagonist draws his conclusion is quite logical.

Characterization

The characters are well-drawn and credible.
Each character shows itself through talk, gesture and action.
The protagonist's chief characteristic is ...
The character changes / undergoes a change in the course of action.
The writer analyses the emotional states of the main character.
Plot and character are interwoven.

Language and style

He writes a quick prose.
He writes a flippant, supple prose.
The writer makes use of / employs / expresses himself in a ... style / language / English.

The writer's style, which can / may / could be defined as / said to be ..., is characterized by / evokes / creates / gives rise to a feeling / mood of carelessness / warmth.
The writer creates / achieves a ... feeling / mood / tone / colouring by means of / through his use of a ... style / choice of words.
The writers choice of words is clumsy / vivid / skillful / appropriate / precise / accurate / informal / formal / tough / relaxed.

Tipp

Denken Sie unbedingt daran, **die Formulierungen lebendig und beweisbar zu machen,** indem Sie Textbelege (vgl. Kap. 2.2) aus dem zu bearbeitenden Text einfügen.
Achten Sie außerdem darauf, möglichst **abwechslungsreich zu formulieren,** aber vergewissern Sie sich, dass diese Satzvariationen auch inhaltlich richtig sind (schlagen Sie ggf. im einsprachigen Wörterbuch bzw. im Thesaurus nach).

3 Texte untersuchen

Texte haben unterschiedliche Funktionen, je nachdem, ob sie
- eine Nachricht mitteilen,
- über Handlungen berichten,
- eine Geschichte erzählen,
- über einen Sachverhalt belehren,
- der Meinungsbildung dienen oder
- überzeugen bzw. überreden wollen.

Entsprechend ihrer Funktion spricht man von **narrativen, deskriptiven, expositorischen, instruktiven** bzw. **appellativen Texten.**

Die jeweilige Textfunktion hat einen wichtigen Einfluss auf die Gestaltung eines Textes – eine Landschaftsbeschreibung in einem Roman unterscheidet sich in Form *und* Inhalt von einem Zeitungsbericht. Einige allgemein gültige Kriterien erleichtern die Zuordnung von Texten und machen die Analyse auch während einer Abiturklausur leichter.

3.1 Texttypen

Die Funktion, also der **kommunikative Zweck eines Textes,** hat Einfluss auf dessen spezifische Struktur: Satzbau, Wortwahl und Tempus der Verben sind abhängig von der Funktion, die ein Text übernehmen soll.

Um also die Textaussage und in einem zweiten Schritt auch die Absicht eines Textes richtig zu verstehen und interpretieren zu können, ist es wichtig, die Merkmale der unterschiedlichen Texttypen zu kennen und zu erkennen.

Typische Aufgabenstellungen
- Study the text thoroughly and identify the text type. Give reasons for your decision.
- Describe the elements that constitute the text type and give examples from the text.
- What function does the text have? Explain your decision!

3.1.1 Narrative Texte

Narrative Texte (Erzählungen, ***narrations***) berichten über Handlungen bzw. die (chronologische oder auch zwischen verschiedenen Zeitebenen hin und her wechselnde) Abfolge von Handlungen.

Narrative Sachtexte sind klar strukturiert und beantworten zumeist die sogenannten W-Fragen (s. S. 11). Zudem werden häufig Wirkungen bzw. Wechselwirkungen einzelner Geschehen beschrieben. Die Haltung des Verfassers zum Textgegenstand ist neutral, Sprache und Stil sind sachlich und nüchtern.

Typische narrative Sachtexte sind Zeitungsberichte *(news items, news reports),* Notizen und Protokolle *(minutes).*

Fiktionale narrative Texte sind gekennzeichnet durch das Vorhandensein eines Erzählers (*narrator;* vgl. Kap. 6.3.3), der mit den Informationen, die er preisgibt (oder manchmal bewusst zurückhält), eine Vermittlerfunktion zwischen Leser und erzähltem Geschehen innehat.

Typisch fiktionale narrative Texte sind: Roman *(novel),* Kurzgeschichte *(short story),* Anekdote *(anecdote),* Märchen *(fairy tale).*

Aufgabe 1

Ernest Hemingway: "The Old Man And the Sea"
What function does Hemingway's text have? Define the text type and describe the elements which constitute that type.

The old man dropped the line and put his foot on it and lifted the harpoon as high as he could and drove it down with all his strength, and more strength he had just summoned, into the fish's side just behind the great chest fin that rose high in the air to the altitude of the man's chest. He felt the iron go in and he leaned on it and drove it further and then pushed all his weight after it.

Then the fish came alive, with his death in him, and rose high out of the water showing all his great length and width and all his power and his beauty. He seemed to hang in the air above the old man in the skiff. Then he fell into the water with a crash that sent spray over the old man and over all the skiff.

The old man felt faint and sick and he could not see well. But he cleared the harpoon line and let it run slowly through his raw hands and, when he could see, he saw the fish was on his back with his silver belly up. The shaft of the harpoon was projecting at an angle from the fish's shoulder and the sea was discolouring with the red of the blood from his heart. First it was dark as a shoal in the blue water that was more than a mile deep. Then it spread like a cloud. The fish was silvery and still and floated with the waves.

The old man looked carefully in the glimpse of vision that he had. Then he took two turns of the harpoon line around the bitt in the bow and laid his head on his hands.

"Keep my head clear," he said against the wood of the bow. "I am a tired old man. But I have killed this fish which is my brother and now I must do the slave work."

Annotations: chest fin: *dt.* Brustflosse, skiff: a small light boat for rowing or sailing; bitt: *dt.* Knarrpoller (Vorrichtung zum Festlegen einer Leine)

3.1.2
Deskriptive Texte

Ein deskriptiver Text (eine Beschreibung, ***description***) beschreibt
- optische Eindrücke,
- momentane Stimmungen und
- statische Zustände

von Personen, Orten, Gegenständen oder Erscheinungen.

Deskriptive Texte sind sprachlich gekennzeichnet durch das Auftreten von Adjektiven sowie häufig adverbialen Bestimmungen (z. B. Orts- und Zeitadverbialen): The school is located a few minutes from the main station.

Texte, die eine deskriptive Struktur aufweisen, sind: Charakterisierung *(characterization)*, Sportreportage *(sports report)*, Beschreibungen *(description of a scenery, a painting or a photo)*.

Tipp

Die Verben *to tell (of), to recount, to report* und *to portray* sind gut geeignet, das Wort *to describe* in einer Textanalyse zu ersetzen.

Aufgabe 2

Dean Koontz: "The Door to December"
Study the text thoroughly and identify the text type. Give reasons for your decision.

The casino was relatively busy now but would be jammed in half an hour, when the showroom had emptied from the midnight performance. At the moment there were hundreds of people at the blinking-flashing-sparkling slot machines, at the semielliptical blackjack tables, and standing around the craps tables: people in suits and evening gowns; people in slacks and jeans; conscientiously rustic cowboy types standing next to people who looked as if they had just survived an explosion in a polyester factory; grandmothers and young hookers; Japanese high rollers in from Tokyo on a junket flight and a flock of secretaries from San Diego; the rich and the not-so-rich; losers and winners; more losers; a three-hundred-pound lady in a bright-yellow caftan an a matching turban, who was betting a thousand dollars a hand at blackjack, but who knew so little about the game that she was routinely splitting pairs of tens; an inebriated oilman from Houston who was betting fifty dollars a hand, every hand, for the dealer, and only twenty-five dollars a hand for himself; uniformed security guards so big that they looked as if they ate furniture for breakfast, but who were soft-spoken and unfailingly polite; blackjack and craps dealers in black slacks and white shirts and black string ties; a tuxedo-clad crew at the baccarat table.

Annotations: craps: a gambling game played with two dice; hooker: prostitute; high roller: a person who spends a lot of money, especially on gambling; junket: a journey made for pleasure which is paid for using public money; inebriated: drunk; baccarat: a gambling game.

3.1.3 Expositorische Texte

Texte, die umfassende und detaillierte Informationen über einen Gegenstand, einen Sachverhalt oder einen Vorgang vermitteln, haben eine erläuternde Funktion; man bezeichnet sie deshalb als expositorische Texte (Darlegung, ***exposition***).

Es gibt zwei Arten expositorischer Texte: Sie können entweder einer synthetischen (zusammenführenden) oder analytischen (zergliedernden) Gedankenführung folgen.

Wissen **Synthetische expositorische Texte**

Ist die Gedankenführung eines expositorischen Textes so angelegt, dass der Sachverhalt bzw. der Vorgang einem Überbegriff zugeordnet und dadurch klassifiziert, d. h. genauer beschrieben wird, bezeichnet man die Struktur des Textes als synthetisch. In solchen Texten werden häufig Formen von *to be* sowie die Verben *to refer to, to be called to, to be defined as* und *to belong to* verwendet.
Expositorische Texte von synthetischem Aufbau sind z. B. Definitionen *(definitions)*, Erläuterungen *(explanations)* sowie Lexikoneinträge *(dictionary / encyclopedia entries)*.

Da expositorische Texte – egal, ob sie synthetisch oder analytisch sind – Informationen zu einem bestimmten Thema **objektiv** und **neutral** darstellen, ist der Leser gefordert, sich selbst eine Meinung bzw. ein Urteil zum jeweiligen Thema zu bilden.

Wissen **Analytische expositorische Texte**

Wird der Sachverhalt bzw. der Vorgang in seine einzelnen Faktoren bzw. Komponenten zerlegt, d. h., erfolgt die Erklärung vom Allgemeinen zum Speziellen, so handelt es sich um einen analytischen Textaufbau. In analytisch gegliederten Texten finden sich häufig die Verben *to have, to consist of, to comprise, to contain, to distinguish between, to be divided into, to fall into, to be part of* oder *to include*.
Expositorische Texte von analytischem Aufbau sind z. B. der Kommentar *(comment)*, wissenschaftliche Aufsätze und Berichte *(scientific investigations)* und Essays *(essays)*.

Expositorische Texte sind zumeist im Präsens *(simple present)* verfasst und enthalten häufig Fachbegriffe *(technical terms)*.

Aufgabe 3

Franklin Fearing: "Significance [of watching movies] to the Individual" Describe the elements that constitute the text type and give examples from the text.

Like the folk tale, classic drama, primitive story-telling, or the medieval morality play, the film may be regarded as a means through which the individual understands himself, his social role and the values of his group. It is also a means by which the individual orients himself in a universe of events which appear to occur haphazardly and chaotically. His need for meaningful experience is a need for order. This need has emotional components, since the lack of coherence in experience creates anxiety within the individual, from which he seeks relief.

The motion picture is not a fixed pattern of meanings or ideas which are received by a passive mind. Rather, what the individual "gets" is determined by his background and his needs. He takes from the picture what is usable for him or what will function in his life. The stuff of films is action, movement, characterization, conflict, expressed in swiftly changing images. Whatever sense they have for the individual observer, however they are "cognized", to use Bartlett's term, will depend on the particular configuration of needs which the individual brings with him. He utilizes the pictured situation in the process of coming to terms with the larger environment. This is the conceptual framework within which the significant analyses of the effects of motion pictures and other mass media of communication on behaviour and attitudes must occur.

Psychologically, an important aspect of this process is that of participation. It is the special characteristic of these media that the individual has an opportunity to project himself into situations and in some degree share in experiences otherwise denied him. He may move into a world other than his own and acquire social identities and play social roles in many groups otherwise inaccessible to him. He may vicariously experience how other people react in a variety of situations.

Annotations: haphazardly: not organized well, chaotically; coherence: a situation in which all the elements of sth. fit together well; vicariously: felt or experienced by watching sb. else doing sth. instead of doing it yourself

3.1.4. Argumentative Texte

Ein argumentativer Text (Argumentation, ***argumentation***) dient dazu, Sachverhalte, Meinungen und Handlungen zu begründen. Dabei wird der Argumentationsgegenstand zuerst explizit benannt, dann aus verschiedenen Perspektiven genauer untersucht. Der Aufbau eines argumentativen Textes gliedert sich immer wie folgt:

- These
- Argumente
- Synthese (Schlussfolgerung: Entscheidung oder Kompromiss)

Dabei müssen die Argumente sinnvoll begründet werden, um die Leser von der dargelegten Position zu überzeugen. Solche Begründungen können z. B. Expertenmeinungen, die in Form eines Zitats in den Text eingebracht werden, oder auch verdeutlichende Beispiele sein.

Sprachlich zeichnen sich argumentative Texte durch die Verwendung des Präsens *(simple present),* einen klar gegliederten logischen Aufbau sowie die korrekte Verwendung von Fachvokabular aus.

Texte, die eine argumentative Struktur aufweisen, sind: Kommentar *(comment)*, Essay *(essay)*, Erörterung *(discussion)*, Leserbriefe *(letter to the editor / reader's letter)*.

Wissen Der Leserbrief

Ein Leserbrief *(letter to the editor / reader's letter)* ist eine besondere Form eines argumentativen Textes, der als Reaktion auf einen in einer Zeitung veröffentlichten Beitrag folgende wichtige Merkmale aufweisen muss:

- Angaben zu dem Beitrag, auf den sich der Leserbrief bezieht: *Referring to your article "..." issued on April 2nd, ...,*
- den Anlass des Schreibens: *I am writing to comment upon ...,*
- eine sachliche, neutrale Formulierung des eigenen Standpunktes, also die eigentliche Argumentation: *One of my arguments is ... / The most important argument, to my mind, is that ...,*
- eine kurze Zusammenfassung aller wichtigen Argumente und die Wiederholung der eigenen Position zum Schluss: *To sum up ... / Consequently, ..., I'd like to finish by saying that ... / To draw a conclusion, I therefore state that ...*

Aufgabe 4

Burleigh B. Gardner / Sidney Levy: "The Product And the Brand"
What is the function of Gardner and Levy's text? Give reasons for your decision.

Basic to many of the problems of advertising and selling is the question of the consumer's attitude toward the product and particularly their conception of the brand.

Qualitative research, especially of the kind which has so recently come to the fore as "consumer motivation" research, promises to add substantially to our knowledge in this area. The quantitative approach, which we used to have to rely on, only brings us part way to finding the kind of answers we need; now we can take a distinct step forward. [...]

Inquiry has taken a direct route, in the past, oriented toward finding out the number of people who use the product, the main reasons they offer for doing so, the advantages and disadvantages they find in the brand, and so forth. The users have been counted; their reasons have been listed in order of frequency (and assumed to be the most potent); and their praises and complaints have been aired and duly registered.

This information is important and useful for many purposes. But it leaves a great deal untouched and hence can be misleading.

For one thing, the reasons people usually give for using a product are inclined to be either strongly rationalized or related to the product's most obvious purposes. Thus, most surveys tend to show that consumers want products to be, in one form or another, effective: to get clothes white, groom the hair, quench thirst, prevent tooth decay, taste good, and so on.

When such goals as these are taken at their face value, and considered to be the end of the matter, they lead up many blind alleys. The belief that people are fretting over those minute differences, presumed to provide the best quality, results in such affairs as blindfold tests that try to find an otherwise indiscernible superiority on the part of one brand over other brands, in advertisements constantly claiming "more", and sometimes in a shrill focus on product merits beyond all proportion and sensible differentiation.

Annotations: to come to the fore: to become important and noticed by people; duly: in the correct manner; to fret over: to be worried over s.th.; blindfold: with the eyes covered; indiscernible: not to be seen / heard / understood

3.1.5 Instruktive Texte

Texte mit instruktiver Struktur (Anweisung, ***instruction***) dienen als Anleitung bzw. Hilfestellung, z. B. beim Erlernen einer Tätigkeit oder beim Umgang mit Geräten. Solche Texte enthalten Aufforderungen, konkrete Hinweise, sachliche Empfehlungen und Ratschläge sowie oft auch Warnungen. Sie sind immer im Präsens *(simple present)* verfasst: Sprachlich auffällig ist der häufige Gebrauch des Imperativs.

Texte, die eine instruktive Struktur aufweisen, sind: Kochrezepte *(recipes)*, Benutzerhandbücher *(user's manuals)*, Bedienungsanleitungen *(operating instructions)*, Ratgeberspalten *(advice columns)*, Ratgeber *(guidebooks)*.

Aufgabe 5

James Truslow Adams: "The Epic of America"
Define the function of the text and name the elements that constitute that function.

[...] The point is that if we are to have a rich and full life in which all are to share and play their parts, if the American dream is to be a reality, our communal spiritual and intellectual life must be distinctly higher than elsewhere, where classes and groups have their separate interests, habits, markets, arts, and lives. If the dream is not to prove possible of fulfilment, we might as well become stark realists, become once more class-conscious, and struggle as individuals or classes against one another. If it is to come true, those on top, financially, intellectually, or otherwise, have got to devote themselves to the "Great Society", and those who are below in the scale have got to strive to rise, not merely economically, but culturally. We cannot become a great democracy by giving ourselves up as individuals to selfishness, physical comfort, and cheap amusement. The very foundation of the American dream of a better and richer life for all is that all, in varying degrees, shall be capable of wanting to share it. It can never be brought into a reality by cheap people or by "keeping up with the Joneses." There is nothing whatever in a fortune merely in itself or in a man merely in himself. It all depends on what is made of each. Lincoln was not great because he was born in a log cabin, but because he got out of it – that is, because he rose above the poverty, ignorance, lack of ambition, shiftlessness of character, contentment with mean things and low aims which kept so many thousands in the huts where they were born.

If we are to make the dream come true we must all work together, no longer to build bigger, but to build better.

Annotations: stark: absolutely, totally; to strive: to struggle

3.1.6 Appellative Texte

Texte, die eine Änderung einer Situation oder eines Verhaltens bewirken sollen, haben einen appellativen Charakter – sie wollen den Leser mindestens überreden, am besten gar überzeugen. Um dieses Ziel zu erreichen, wenden sich appellative Texte ***(persuasive texts)*** nicht nur mit rationalen Argumenten an die Leser, sie sprechen ihn auch emotional an.

Sprachlich üblich ist in einem appellativen Text daher die gezielte Ansprache des Lesers, der Gebrauch von Imperativformen oder auch modalen Hilfsverben, die eine Notwendigkeit oder eine Verpflichtung ausdrücken, sowie die Zeitform des Präsens *(simple present)*. Auch die Verwendung zahlreicher Adjektive sowie einer bildhaften Sprache sind für diese Texte typisch.

Texte, die eine appellative Struktur aufweisen, sind: Werbetexte *(advertisements)*, politische Reden *(political speeches)*, Aufrufe zu Hilfsaktionen etc. *(calls for action)*.

Viele Texte weisen eine Abfolge bzw. einen Wechsel zwischen verschiedenen kommunikativen Strukturen auf, d. h., es finden sich Merkmale von zwei oder manchmal auch von **mehreren unterschiedlichen Texttypen:** So besteht ein Werbetext zumeist aus einem deskriptiven Teil, der das beworbene Produkt beschreibt, sowie im Anschluss daran aus Sätzen mit auffallend appellativer Struktur.

Tipp

In einer Abiturklausur ist es sinnvoll, die unterschiedlichen Textfunktionen explizit zu benennen und zu entschlüsseln, um dann in einer abschließenden Aussage den jeweils zu untersuchenden Text der in ihm vorherrschenden Textstruktur zuzuordnen.

Aufgabe 6

"An Olympic Story That Teaches Us the Value of Sportsmanship and Hardware". TIME Magazine. February 18, 2002
Study the text, identify and define the text type and give reasons for your decision.

The rarest medal in the Olympics wasn't created from gold, but a bolt. The story begins on a cold, winter afternoon in Innsbruck at the 1964 Olympic two-man bobsled competition. A British team driven by Tony Nash had just completed its first run, which had put them in second place. Then they made a most disheartening discovery. They had broken a bolt on the rear axle of their sled, which would put them out of the competition.

At the bottom of the hill, the great Italian bobsled drier, Eugenio Monti, who was in first place, heard of their plight. Without hesitation, Monti removed the bolt from the rear axle of his own sled and sent it to the top of the hill. The British team affixed it to their sled and then completed their run down the mountain, winning the gold medal. Monti's Italian team took the bronze. When asked about his act of sportsmanship, Eugenio Monti deflected any praise, saying, "Tony Nash did not win because I gave him a bolt. Tony Nash won because he was the best driver."

The story of Monti's selfless act spread. And because of it he was given the first De Coubertin Medal for sportsmanship. The award, named after the founder of the modern Olympics, is one of the noblest honors that can be bestowed upon an Olympic athlete.

In other words, the most precious hardware any Olympian can own. CELEBRATE HUMANITY.

Annotations: bolt: a piece of metal that is used to fasten things together; to deflect: (here) to refuse, to decline

3.2
Textmerkmale und Absicht des Autors

Das Erkennen von sprachlichen und strukturellen Auffälligkeiten eines Textes ist der erste, wichtige Schritt, um herauszufinden, *was* der Autor seinem Leser mitteilen möchte – also um die Absicht des Autors, die sogenannte Intention, zu erkennen. Im zweiten Schritt gilt es dann, zu überlegen und – insbesondere in einer Klausur – differenziert (!) schriftlich darzulegen, aus welchen Gründen und mit welchem Zweck ein Autor diese sprachlichen und strukturellen Besonderheiten ausgewählt und bewusst eingesetzt haben könnte.

Es gibt verschiedene Mittel, mithilfe deren ein Autor
- die Aufmerksamkeit des Lesers steuern sowie dadurch
- das Anliegen des Textes verdeutlichen kann.

Solche Besonderheiten können betreffen:
- die Klangebene *(sound devices)*,
- die Stilebene *(stylistic devices)*: Wortwahl *(choice of words)* und Sprachfiguren *(figures of speech)*,
- die Satzstruktur *(sentence structure)*,
- die Textstruktur *(structure)* und die Anordnung der Information(en) *(composition)*.

Sie treten abhängig von Textsorte und Autor unterschiedlich häufig auf.

Typische Aufgabenstellungen
- Examine the use of stylistic devices in the text and explain their function.
- Name and explain the various means that the author uses to achieve a satirical / comic / sarcastic / sad effect.
- Explain the effect of the sound devices / stylistic devices / the special sentence structure / that the author uses in the whole text / in lines ...
- Comment on how the author uses sound devices / stylistic devices / the sentence structure to achieve certain effects.
- Outline the effect of the stylistic devices / the sentence structure that the author uses in the text / in lines ...

Tipp

Die Beantwortung aller Fragen zu einem Text muss sich immer durch die im Text selbst enthaltenen Informationen belegen lassen: Dieser sogenannte **Textbezug** ist ausschlaggebend für eine gute Bewertung jeder Klausur.

Aufgabe 7

William Faulkner: "Nobel Prize Acceptance Speech"
Comment on how the author uses stylistic devices and the sentence structure to achieve certain effects.

I feel that this award was not made to me as a man, but to my work – a life's work in the agony and sweat of the human spirit, not for glory and least of all for profit, but to create out of the materials of the human spirit something which did not exist before. So this award is only mine in trust. It will not be difficult to find a dedication for the money part of it commensurate with the purpose and significance of its origin. But I would like to do the same with the acclaim too, by using this moment as a pinnacle from which I might be listened to by the young men and women already dedicated to the same anguish and travail, among whom is already that one who will some day stand here where I am standing.

Our tragedy today is a general and universal physical fear so long sustained by now that we can even bear it. There are no longer problems of the spirit. There is only the question: When will I be blown up? Because of this, the young man or woman writing today has forgotten the problems of the human heart in conflict with itself which alone can make good writing because only that is worth writing about, worth the agony and the sweat.

He must learn them again. He must teach himself that the basest of all things is to be afraid; and, teaching himself that, forget it forever, leaving no room in his workshop for anything but the old verities and truths of the heart, the old universal truths lacking which any story is ephemeral and doomed – love and honor and pity and pride and compassion and sacrifice. Until he does so, he labors under a curse. He writes not of love but of lust, of defeats in which nobody loses anything of value, of victories without hope and, worst of all, without pity and compassion. His griefs grieve on no universal bones, leaving no scars. He writes not of the heart but of the glands.

Until he relearns these things, he will write as though he stood among and watched the end of man. I decline to accept the end of man. It is easy enough to say that man is immortal simply because he will endure: that when the last dingdong of doom has clanged and faded from the last worthless rock hanging tideless in the last red and dying evening, that even then there will still be one more sound: that of his puny inexhaustible voice, still talking. I refuse to accept this. I believe that man will not merely endure: he will prevail. He is immortal, not because he alone among creatures has an inexhaustible voice, but because he has a soul, a spirit capable of compassion and sacrifice and endurance. The poet's, the writer's, duty is to write about these things. It is his privilege to help man endure by lifting his heart, by reminding him of the courage and honor and hope and pride and compassion and pity and sacrifice which have been the glory of his past. The poet's voice need not merely be the record of man, it can be one of the props, the pillars to help him endure and prevail.

Annotations: agony: extreme physical or mental pain; commensurate with: matching in size, importance, quality etc.; to sustain: to make s.th. continue for some time without becoming less; ephemeral: short-lived; glands: an organ in a person's body that produces a substance for the body to use (*dt.* Drüse); pillar: a large round stone, metal or wooden post that is used to support a bridge, the roof of a building etc.

Methodik **Intention eines Textes: Formulierungshilfen**

- A text has an effect on the reader / on the audience / appeals to the reader's feelings / imagination / strikes the reader by / provokes the reader by ...
- A sentence stirs the reader's curiosity: ...
- The reader is able to identify with the situation / with a character.
- to keep the reader in suspense
- to be exciting / thrilling

4
Sprache und Stil

Wer eine Sprache beherrscht, kann seine Worte immer auch situationsgebunden, d. h. kontextabhängig aus dem Gesamtwortschatz auswählen und sich stilistisch und idiomatisch richtig ausdrücken.

Dabei orientiert sich die sogenannte **Standardsprache** an den Normen der geschriebenen Sprache. Manchmal wird statt des Begriffs „Standardsprache" auch der wertende Begriff „Hochsprache" verwendet.

In Großbritannien ist diese Form der Hochsprache die sogenannte ***Received Pronunciation (RP)*** – also das, was Fremde unter „typisch britischer" Aussprache verstehen und von der britischen Mittel- und Oberschicht gesprochen wird.

4.1
Sprachvarianten

Es gibt Situationen, in denen sich einzelne Sprecher einer Sprache von anderen Sprechern abgrenzen, indem sie z. B. Dialekt reden oder Fachausdrücke verwenden. Solche Sprachvarianten unterscheiden sich von der Standardsprache wie folgt:

Der Dialekt *(dialect)*
- ist eine regional und / oder sozial bedingte Sprachform innerhalb einer Sprachgemeinschaft,
- weist phonetische (lautliche, d. h. die Aussprache betreffende), grammatikalische und lexikalische Besonderheiten auf,
- tritt vor allem im mündlichen Sprachgebrauch auf und ist in der Regel nicht verschriftlicht.

Der Stil *(style)*
- ist eine Form der Sprachverwendung, die sich stark an festgelegte formale Regeln hält,
- ist situations- und umgebungsabhängig,
- ist nicht regional begrenzt und
- kann mündlich und schriftlich angewendet werden.

Die Sprachebene *(register)*

- geht häufig mit speziellen Themen oder Funktionen (z. B. Werbung) einher,
- wird von bestimmten Berufsgruppen verwendet (z. B. Juristen, Ärzten),
- ist nicht regional begrenzt und
- tritt im Mündlichen und im Schriftlichen auf.

Wissen **Sprachebene und Stil**

Während der Begriff **Stil** *(style)* ganz allgemein den Grad der formalen Sprachverwendung bezeichnet und zumeist eher metasprachlich Verwendung findet, ist die **Sprachebene** *(register)* eines der wichtigen Elemente, das den Stil mitbestimmt. Neben dem Element der Sprachebene sind es insbesondere auch die Wortwahl *(choice of words)* und der Ton *(tone)* sowie die verwendeten rhetorischen Mittel *(stylistic devices)*, die den Stil eines Textes bestimmen.

Wenn die Kommunikation gelingen soll, ist es wichtig, die unterschiedlichen Sprachvarianten zu kennen und sie gemäß ihrer Funktion richtig einzusetzen bzw. zu verwenden. Das gilt für den mündlichen Sprachgebrauch (*colloquial English,* eher informell) ebenso wie für den schriftlichen Sprachgebrauch (*literary English,* eher formal), bei dem jeweils der Sprecher bzw. der Autor eines Textes von unterschiedlichen Komponenten beeinflusst wird.

Die Wahl der Sprachebene wird bestimmt durch

- die **Kommunikationspartner** und ihre Beziehung zueinander (soziale Position, z. B. Arbeitnehmer / Vorgesetzter bzw. Arbeitnehmer / Kollege = Nähe bzw. Distanz),
- den **Kommunikationszweck** (private Unterhaltung, Beratungsgespräch, Flirt, förmliche Einladung, Gerichtsverhandlung, Festrede usw.).

Detailliert betrachtet handelt es sich bei den Komponenten, die den Sprecher bzw. Autor bei der Wahl der Sprachebene, der Wortwahl und den rhetorischen Mitteln beeinflussen, um:

- den Adressaten *(addressee),*
- den Textgegenstand *(subject matter),*
- die Intention *(author's intention),*
- das Medium *(medium,* Pl. *media),* z. B. Sachtext, fiktionaler Text, Radiobeitrag etc.,
- die Persönlichkeit des Sprechers bzw. Autors *(speaker's / author's personality).*

4.2 Elemente der Sprachvarianten

4.2.1 Die Wortwahl

Zeitungsartikel, Texte in Zeitschriften oder in populärwissenschaftlichen Büchern sind meist in der Standardsprache *(Standard English)* verfasst und greifen auf einen Basiswortschatz zurück. Dabei kann es selbstverständlich vorkommen, dass – abhängig vom jeweiligen Thema – auch Worte verwendet werden, die einem Fachwortschatz zugerechnet werden und ansonsten weniger gebräuchlich sind. Der Gebrauch eines solchen spezifischen Fachvokabulars ***(choice of words)*** erlaubt es dem Autor, präzise Aussagen zu treffen, ohne Sachverhalte oder Gegenstände umständlich erklären zu müssen.

Wer einen Text genauer untersuchen möchte, muss sich immer auch mit der Wortwahl des Autors beschäftigen. Dabei genügt es oft nicht, nur die **Grundbedeutung** (Denotation, ***denotation***) eines Wortes zu kennen, es gilt, auch mögliche **Nebenbedeutungen** (Konnotationen, ***connotations***) zu berücksichtigen und gegebenenfalls zu erläutern und zu deuten. In Zweifelsfällen ziehen Sie das einsprachige Wörterbuch zurate und lesen Sie nicht nur die Wortbedeutung, sondern auch die jeweiligen Verwendungsmöglichkeiten und den Gebrauch eines Wortes in seinem idiomatischen Kontext nach.

Je größer die Bedeutung einer Sache ist, desto zahlreicher sind die sprachlichen Varianten, die ein Ding oder ein Verhalten bezeichnen. Wie verschieden die englischen Übersetzungen für ein deutsches Wort lauten können, sei an zwei Beispielen dargestellt:

- Für das deutsche Verb „sterben" finden sich im Englischen verschiedene Ausdrucksmöglichkeiten: *to die* (neutral), *to pass away* (formal), *to kick the bucket* (umgangssprachlich).
- Für das deutsche Substantiv „Geld" existieren im Englischen mehrere unterschiedliche Begriffe: *money* (neutral), *currency* (formal, *technical term*), *chips (slang)*, *lolly* (BE) / *cash* (umgangssprachlich).

Methodik **Ausdrücke zur Beschreibung der Wortwahl**

- to use a word / an expression in the literal / figurative / pejorative sense
- A word implicitly means / expresses ...
- A word alludes to s.th. / is an allusion to s.th.
- to use technical terms from the field of ...
- to use neologisms / to use outdated expressions

Eine weitere Spezialität der englischen Sprache, die sich insbesondere bei der genauen Beschäftigung mit der Wortwahl eines Textes zeigt, sind die ***phrasal verbs*** und die ***prepositional phrases.***

Phrasal verbs
Ein auffälliges Kennzeichen des *colloquial English* ist das häufige Vorkommen von *phrasal verbs* – festen Verbindungen eines Verbs mit einer Präposition oder einem Adjektiv, die in der Zusammensetzung eine andere Bedeutung haben als allein stehend.

Typische *phrasal verbs* sind z. B. *to look after, to get on with, to put across* etc.

Prepositional phrases
Im Unterschied zu den *phrasal verbs* haben die *prepositional phrases* kein Verb als Bestandteil. Sie gelten aber als ein wichtiges Kennzeichen eines guten englischen Sprachstils. Da bei solchen *prepositional phrases* der entsprechende deutsche Ausdruck häufig keine oder eine andere Präposition enthält, ist es wichtig, sie sicher zu beherrschen.

Für die Textanalyse wichtige *prepositional phrases* sind z. B.:
in my opinion, in principle, on purpose, by Shakespeare, at last, in English, in common, in writing, on the one hand, on the other hand etc.

Wissen **Kriterien, die Wortwahl eines Textes zu beurteilen**

Kriterien, die helfen, die Wortwahl eines Textes zu beurteilen, sind:
- Verwendet der Autor sprachliche Neubildungen (Neologismen)?
- Fallen ungewöhnliche Wortkombinationen ins Auge?
- Gibt es eine Vermischung der unterschiedlichen Sprachebenen?
- Werden moderne und veraltete Sprachformen kombiniert?
- Ist die Sprache bildhaft?

4.2.2 Die Satzstruktur

Die Art und Weise, wie die Sätze, aus denen ein Text besteht, aufgebaut sind, bezeichnet man als **Satzstruktur** oder **Syntax *(syntax)*.** Es gibt einfache Sätze, die nur aus wenigen Satzgliedern (z. B. Subjekt und Prädikat) bestehen, sowie umfangreichere und komplexe Sätze, in denen mehrere Satzglieder Detailinhalte preisgeben und die zudem in Haupt- und Nebensätze gegliedert sind.

Typische Merkmale der formalen und neutralen Stilebene sind **hypotaktische** und **parataktische Satzstrukturen.** Sie dienen dazu, abstrakte Ideen oder komplexe Zusammenhänge zu formulieren.

Sätze, die entweder aus zwei oder mehreren Hauptsätzen oder einem Hauptsatz sowie ein oder mehreren Nebensätzen bestehen, bezeichnet man als zusammengesetzte Sätze *(complex sentences).* Man unterscheidet dabei in Satzreihen und Satzgefüge.

Wissen **Die Satzreihe (Parataxe)**

Stehen zwei oder mehrere Hauptsätze gleichrangig nebeneinander, so spricht man von einer Satzreihe. Dabei sind die Hauptsätze durch Kommas und / oder durch *and, or, but, nor, for (coordinating conjunctions)* miteinander verbunden:
I never admitted not to know, for I was ashamed to ask.

Die sinnvolle Verknüpfung von Haupt- und Nebensätzen ermöglicht es, Informationen detailliert und präzise wiederzugeben.

Wissen **Das Satzgefüge (Hypotaxe)**

Folgen auf einen Hauptsatz ein oder mehrere Nebensätze, so spricht man von einem Satzgefüge. In einem Satzgefüge sind die Nebensätze durch Kommas und / oder durch *because, since, if, although* etc. *(subordinating conjunctions)* mit dem Hauptsatz verbunden:
Since she didn't get up on time, she missed the bus. Give me a ring whenever you need me.

Die folgenden Fragestellungen helfen Ihnen, die Satzstruktur eines Textes zu analysieren:

- Besteht der Text hauptsächlich aus kurzen, einfachen Sätzen?
- Besteht der Text aus zusammengesetzten Sätzen?
- Sind die Sätze bejaht *(affirmative sentences, positive statements)* oder handelt es sich um verneinte Sätze *(negative sentences, negative statements)?*
- Finden sich Fragesätze *(questions, interrogative sentences)* oder unechte Fragen (Bestätigungsfragen, *question tags*) in auffälliger Häufigkeit?
- Enthält der Text immer wieder Anordnungen und Befehle *(commands, imperative forms)* oder Bitten *(requests)*?
- Kommen im zu untersuchenden Text Ausrufe *(exclamations)* oder Zwischenrufe *(interjections)* vor?

Sprachebene und Textgegenstand bedingen gemeinsam die **syntaktische Komplexität** eines Textes: Ein anspruchsvolles Thema erfordert eine niveauvolle Wortwahl und wird in der Regel in komplexen syntaktischen Strukturen mitgeteilt.

Methodik **Formulierungen zur Analyse der Satzstruktur**

- The text contains numerous / a few short and simple sentences ↔ long and complex sentences.
- The words / sentences in this text / in line(s) ... / in paragraph ... are arranged in a certain pattern.
- In line(s) ..., the author uses inversion / anaphora / repetition.
- Some sentences / paragraphs are identical in structure.
- Two sentences are parallel to each other.

4.2.3 Der Ton

In vielen Texten spiegelt sich die Haltung, also die persönliche Einstellung, des Autors zum Textgegenstand und zu seiner Leserschaft wider, d. h., der Autor legt einen bestimmten **Ton *(tone)*** an den Tag. Dabei stehen sowohl dem Autor, der einen Text verfasst, wie auch demjenigen, der den Ton eines Textes beschreiben bzw. analysieren soll, zahlreiche Möglichkeiten zur Verfügung:

Die **Haltung zum Textgegenstand** kann sein:
unbeteiligt *(detached)*, sachlich *(factual)*, kühl *(matter-of-fact)*, objektiv *(objective)*, kritisch *(critical)*, engagiert *(committed, involved)*, parteiisch *(taking sides, biased)*, begeistert *(enthusiastic)*, humorvoll *(humorous)*, ironisch *(ironical)*, satirisch *(satirical)*, zynisch *(cynical)*

Die **Haltung zum Leser** kann sein:
freundlich *(friendly)*, vertraut *(intimate)*, unpersönlich *(impersonal)*, distanziert *(distanced)*, aggressiv *(aggressive)*, überredend *(persuasive)*

Diese Haltung kann sich nicht nur in der Wortwahl (vgl. Kap. 4.2.1) niederschlagen, sondern auch die grammatikalische Gestaltung eines Textes betreffen.

formeller Stil	informeller Stil
Personalpronomen *one*	Personalpronomen *you*
Nominalstil	Verbalstil
Satzverkürzung durch Gerundien	Relativsätze und andere Nebensatzarten

4.2.4
Rhetorische Mittel

Während sich die Untersuchung der Syntax der genauen Betrachtung von ganzen Sätzen widmet, werden bei einer Untersuchung der Stilmittel bzw. rhetorischen Mittel ***(stylistic devices)*** all die Abweichungen vom allgemeinen sprachlichen Ausdruck betrachtet, die kleinere Einheiten im Satz betreffen. Der Autor verwendet solche Besonderheiten in der Absicht, einen besonderen Effekt zu erzielen und die Aufmerksamkeit sowie die Erinnerung des Lesers an den Text zu steuern.

Die wichtigsten Stil- und Klangfiguren

accumulation: Häufung einer Wortart mit dem Ziel, einen Sachverhalt zu veranschaulichen und / oder zu betonen:
The process is wasteful, dangerous, messy and sometimes tragic.

anaphora: Anapher, Gleichklang, Wortwiederholung zur Hervorhebung am Satz- oder Zeilenanfang:
In every cry of every man, in every infant's cry of fear, in every voice, in every ban (William Blake, London)

alliteration: Alliteration, Stabreim, gleicher Anlaut der betonten Silben aufeinanderfolgender Wörter, der eine Aussage rhythmisiert und dadurch betont:
Girls' power leaves lads lagging behind.

allusion: direkte oder indirekte Anspielung auf ein Ereignis oder eine bekannte Textquelle, z. B. die Bibel, häufig mit dem Zweck, eine Tatsache bzw. einen Sachverhalt in einen größeren Zusammenhang einzuordnen oder auch zu ironisieren:
The headline "Fried Gene Tomatoes" is an allusion to the film titled "Fried Green Tomatoes".

ambiguity [æmbɪ'gjuːɪtɪ]: Doppel- bzw. Mehrdeutigkeit von Wörtern, Werten, Symbolen oder Sachverhalten; häufig wird dadurch eine Situation oder ein Sachverhalt ins Komische gezogen:
"The sauce is too hot!" could mean that it is either too strongly heated or very spicy.

anticlimax: Übergang vom Wichtigeren zum weniger Wichtigen; eine Antiklimax findet sich meist am Ende einer Aufzählung und kann einen komischen Effekt erzielen:
This gives you an idea of his love of God, freedom, justice and sports cars.

antithesis [æn'tɪθəsɪs] ***/ contrast:*** Antithese, Gegenüberstellung zweier widersprüchlicher Begriffe, um die Aussage zu betonen:
Human life everywhere is a state in which much is to be endured, and little to be enjoyed.

chiasmus [kʌɪ'azməs]: Chiasmus, Überkreuzstellung einander entsprechender Satzteile oder Begriffe:
Fair is foul, and foul is fair. (William Shakespeare, Macbeth)

climax: Klimax, eine Steigerung des Ausdrucks vom weniger Wichtigen zum Wichtigeren, um einen Sachverhalt hervorzuheben und die Aufmerksamkeit des Lesers zu steuern:
Some books are to be tasted, others to be swallowed, and some to be chewed and digested.

ellipsis: Ellipse, Auslassung eines Wortes im Satz, ohne den Sinn zu beeinträchtigen; dient häufig dazu, einem Text einen lockeren bzw. umgangssprachlichen Ton zu geben:
"Been to Paris lately?", Paul asked.

enumeration: Aufzählung oder Auflistung:
She enjoyed the warmth, the light and the smells of spring.

euphemism: Euphemismus, beschönigende Umschreibung mit dem Zweck, einen unangenehmen Sachverhalt abzumildern:
to pass away anstelle von *to die*

exclamation / interjection: Ausruf / Interjektion; diese häufig lautmalerischen, kurzen Worte werden zumeist eingesetzt, um Gefühle (Überraschung, Erstaunen, Freude etc.) mitzuteilen:
Ooops!, yuck!, cool! etc.

hyperbole [haɪ'pɛːbəlɪ]: Hyperbel, offensichtliche Übertreibung, um die Bedeutung der Aussage bzw. des Sachverhalts zu betonen:
Good advice is rarer than rubies. (Salman Rushdie, Perhaps You Should Talk to Someone)

inversion: Umkehrung der üblichen Wortstellung mit dem Ziel, die Aufmerksamkeit des Lesers auf die Aussage genau dieses Satzes zu lenken:
Little did he know of the dangers ahead.

irony: Ironie, Ausdruck, der das Gegenteil des Gesagten meint, zum Zweck der Enthüllung oder Verspottung:
For Brutus is an honourable man. (Shakespeare, Julius Caesar)

metaphor ['metəfə(r)]: Metapher, indirekter bzw. bildhafter Vergleich, der oft anstelle eines ausformulierten Satzes steht und textverkürzend wirkt; beliebtes Stilmittel in Gedichten:

All the world's a stage, and all the men and women merely players. (William Shakespeare, As You Like It)

oxymoron [ˌɒksɪ'mɔːrɒn]: Oxymoron, Kopplung zweier widersprüchlicher Begriffe:

He arrived in slow haste. This was chaos organized.

parallelism: Wiederholung einer Satzstruktur, um eine Aussage zu rhythmisieren:

Money tickles my fancy, and fame flatters my pride.

personification: Personifikation, Ausstattung einer Idee, einer Sache oder eines Tieres mit menschlichen Eigenschaften, um einen Text lebendiger zu gestalten und evtl. eine Moral zu formulieren, ohne zu sehr zu belehren:

The ship began to creak and protest as it struggled against the rising sea.

repetition: Wiederholung mit dem Zweck, eine Aussage oder einen Sachverhalt zu verdeutlichen und zu betonen:

And that government of the people, by the people, for the people, shall not perish from earth. (Abraham Lincoln, The Gettysburg Address)

rhetorical question: rhetorische, d. h. unechte Frage zur Hervorhebung einer Tatsache:

Don't we all love peace and hate war?

simile ['sɪmɪlɪ]: direkter Vergleich:

My love is like a red, red rose. (Robert Burns, A Red Red Rose)

symbol: Sinnbild; Gegenstand oder Vorgang, der stellvertretend für einen anderen (nicht wahrnehmbaren, geistigen) Sachverhalt steht und häufig textverkürzend wirkt:

Beispiel: *cross* → Symbol für das Christentum; *dove* → Symbol für den Frieden

Tipp

Schlagen Sie, wenn Sie unsicher sind, die Bedeutung all dieser – und weiterer – Stilmittel in Ihrem *dictionary* nach, um sich des korrekten Gebrauchs zu vergewissern.

Typische Aufgabenstellungen

- Comment upon the sentence structure in the text!
- Analyse the stylistic devices the author uses in line(s) ... / in paragraph ... and explain their effect.
- What effect does the syntax / do the stylistic devices have in line(s) ... / in paragraph ...?
- Point out the specific choice of words / the syntax / the tone the author uses in the text and explain the effect on the reader.

Aufgabe 1

Martin Luther King: "I Have a Dream"
Identify the stylistic devices Martin Luther King uses to describe his dream and explain their deeper meanings.

I say to you today, my friends, though, even though we face the difficulties of today and tomorrow, I still have a dream. It is a dream deeply rooted in the American dream. I have a dream that one day this nation will rise up, live out the true meaning of this creed: "We hold these truths to be self-evident, that all men are created equal."

I have a dream that one day on the red hills of Georgia sons of former slaves and the sons of former slave-owners will be able to sit down together at the table of brotherhood. I have a dream that one day even the state of Mississippi, a state sweltering with the heat of oppression, will be transformed into an oasis of freedom and justice.

I have a dream that my four little children will one day live in a nation where they will not be judged by the color of their skin but by the content of their character.

I have a dream that one day Alabama, with its vicious racists, with its governor having his lips dripping with the words of interposition and nullification, one day right there in Alabama little black boys and black girls will be able to join hands with little white boys and white girls as sisters and brothers.

I have a dream that one day ever valley shall be exalted, every hill and mountain shall be made low. The rough places will be made plain, and the crooked places will be made straight. And the glory of the Lord shall be revealed, and all flesh shall see it together. This is our hope. This is the faith that I go back to the South with.

With this faith we shall be able to hew out of the mountain of despair a stone of hope. With this faith we will be able to transform the jangling discords of our nation into a beautiful symphony of brotherhood. With this faith we will be able to work together, to stand up for freedom together, knowing that we will be free one day.

This will be the day when all of God's children will be able to sing with new meaning, "My country, 'tis of thee sweet land of liberty, I sing, Land where my fathers died, land of the pilgrims' pride, from every mountain side, let freedom ring." And if America is to be a great nation, this must become true.

When we allow freedom to ring – when we let it ring from every city and every hamlet, from every state and every city, we will be able to speed up that day when all of God's children, black and white men, Jews and Gentiles, Protestants and Catholics, will be able to join hands and sing in the words of the old negro spiritual, "Free at last, free at last, Great God almighty. We are free at last!"

Annotations: creed: belief; sweltering: sweating, suffering from heat; vicious: evil-minded; interposition and nullification (US constitutional law): legal principles whereby each state of the Union reserves the right to oppose and negate any Federal law it considers a violation of the state's sovereign rights; exalted: raised in dignity and power; crooked: not straight; to hew: to carve, to cut, to shape; jangling: sounding harsh and unpleasant; discord: opposite of harmony; hamlet: little village; Gentiles: non-Jews

5
Sachtexte analysieren

Egal, ob wissenschaftlicher Text oder Zeitungsartikel – Sachtexte haben einen Bezug zur Wirklichkeit. Insbesondere die Medien – also Zeitungen, Zeitschriften, Hörfunk, Film, Fernsehen und Internet – liefern Texte, die dem Leser hilfreich sind beim Erwerb von kulturellen, sozialen und politischen Informationen.

5.1
Zeitungsartikel

Der Aufbau *(layout)* eines Zeitungsartikels sieht immer folgendermaßen aus: Überschrift *(heading)* und ein in Absätze unterteilter Haupttext *(body)*, der oft weiter gegliedert ist (siehe unten). Dabei stellt der Inhalt eines jeden Zeitungsartikels immer nur eine Auswahl von Informationen dar, die sich an den Interessen und Meinungen der Leserschaft der jeweiligen Zeitung orientieren.

Überschrift *(heading)*
Die Überschrift eines Zeitungsartikels hat den Zweck, die Aufmerksamkeit des Lesers zu erregen *(eye-catching effect)*. Um diesen Zweck zu erfüllen, werden für Überschriften große Schriftgrößen und fesselnde Begriffe *(eye-catcher)* bzw. konkrete, aktuelle Schlagwörter verwendet.

Um das Thema knapp und auffallend darzustellen, finden sich in Überschriften meist wenig Verben und keine Artikel; verkürzende Wortneubildungen (z. B. *execs* für *executives*) und Akronyme (z. B. NATO für *North Atlantic Treaty Organization*) ersetzen längere Wörter. Manchmal finden sich auch Klangfiguren, wie z. B. Alliterationen oder Schlagreime, die Überschriften besonders einprägsam und auffällig machen (z. B. *A River **T**ells **T**roubled **T**ales*).

Manchmal finden sich auch **Untertitel *(subheading)*:** Diese bieten dem Redakteur die Möglichkeit, inhaltliche Akzente zu setzen und weitere wichtige Informationen an zentraler Stelle des Textes zu positionieren.

Haupttext
Der Haupttext beginnt mit dem sogenannten **Kopf *(head paragraph),*** in dem die wichtigsten Informationen zu einem Ereignis knapp zusammengefasst werden. Im nachfolgenden **Haupttext *(body)*** finden sich dann Hintergründe und Einzelheiten zu dem jeweiligen Ereignis.

Dieser Haupttext wird durch ***Absätze (paragraphs)*** und das Einschieben von **Zwischenüberschriften** (die ebenfalls ***subheadings*** genannt werden) weiter strukturiert. Während Absätze dazu dienen, die gedankliche Struktur eines Textes auch äußerlich zu kennzeichnen, werden Zwischenüberschriften gesetzt, um beim Leser Neugierde auf die noch folgenden Inhalte zu wecken. Beide Strukturmittel sollen die Übersichtlichkeit und Verständlichkeit eines Artikels gewährleisten.

Einige Sachtexte haben zudem am Anfang eines Absatzes einen sogenannten ***topic sentence,*** der das Thema des folgenden *paragraph* knapp referiert.

5.1.1
Subjektivität vs. Objektivität der Darstellung

Je nach äußerer Aufmachung und inhaltlicher Schwerpunktsetzung werden Zeitungstexte in zwei Gruppen unterteilt, die unterschiedliche Leserkreise bedienen:

- **Seriöse Presse** *(quality papers / quality press)* und
- **Boulevardpresse** *(popular press / popular papers / tabloids / sensational papers / yellow press)*

Wissen Britische Zeitungen

Die Begriffe ***broadsheet*** und ***tabloid*** leiten sich von der Größe der Zeitungsbögen her und sind zu Synonymen für seriöse bzw. populäre, unterhaltsame Zeitungen geworden. Beispiele für *broadsheets* auf dem britischen Markt sind *The Independant, The Times, The Observer* und *The Guardian*. Bekannte britische *tabloids* sind *The Sun, Daily Express, The Mirror* und *Daily Mail*.

Die drei wichtigsten Kriterien zur Beurteilung von Zeitungsartikeln sind:
- Inhalt,
- Sprache und Aufbau,
- Layout und Format.

Auch die Platzierung eines Beitrages auf einer bestimmten Seite einer Zeitung – z. B. der Titelseite –, das Layout und die Ergänzung eines Textes durch Fotos, Illustrationen, Cartoons oder Schaubilder bzw. Diagramme hat einen Einfluss darauf, *wie* ein Artikel vom Leser wahrgenommen wird, und ist ein Strukturmerkmal, das in einer Analyse erwähnt werden kann, wenn es bekannt ist.

Gestaltung der *quality papers*

Was den **Inhalt** angeht, so zeichnen sich *quality papers* aus durch
- einen Schwerpunkt auf politischen, wirtschaftlichen und kulturellen Themen,
- eine detaillierte Berichterstattung *(news report, feature),*
- die Analyse von Hintergründen,
- eine klare Trennung von Berichterstattung und Meinungsäußerung (*leading article, editorial* werden explizit so überschrieben),
- präzise und sachliche Angaben (*facts, exact figures and / or numbers* etc.),
- Angabe von Informationsquellen.

Bei **Sprache und Aufbau** überwiegen
- formelle, sachliche Formulierungen,
- komplexe Satzstrukturen,
- längere Absätze, die einen Gedanken ausführlich entwickeln,
- eine klare Struktur der einzelnen Artikel.

Hinsichtlich **Layout und Format** finden sich folgende Merkmale:
- hoher Textanteil (Überschriften und Illustrationen sind von untergeordneter Bedeutung),
- großseitiges *broadsheet*-Format.

Wissen Yellow press **versus Regenbogenpresse**

Der amerikanische Begriff ***yellow press*** bezeichnet die **täglich erscheinenden** Sensationszeitungen. Er geht zurück auf den Helden des ersten farbig gedruckten Comicstrips (1895) in der von Joseph Pulitzer herausgegebenen Zeitung *New York World, The Yellow Kid*. Obwohl die Zeitung auch akribisch recherchierte und fundierte Artikel veröffentlichte, gilt Pulitzer als „Erfinder" der *yellow press*, da er als erster Verleger auch sensationsheischende Geschichten und *human-interest stories* aufnahm.

Im Gegensatz dazu bezeichnet der deutsche Begriff **Regenbogenpresse** illustrierte **Wochenzeitschriften,** deren Berichterstattung sich vornehmlich auf Persönlichkeiten aus Showbusiness und Adel konzentriert. Dabei werden sowohl *yellow press* als auch „Regenbogenpresse" der Boulevardpresse zugeordnet.

Gestaltung der *popular papers*

Für den **Inhalt** von *popular papers* gilt:

- Der Anteil an „leichten" Nachrichten überwiegt: *accidents, crime, sports, gossip, human-interest stories,*
- die Berichterstattung vermischt Tatsachen und Kommentar *(mixing report and comment),*
- im Vordergrund stehen immer die Personen- und die Beziehungsebene, die Sachebene tritt in den Hintergrund *(personalising),*
- Sachverhalte werden vereinfacht dargestellt und häufig dramatisiert *(simplification, sensationalism).*

Im Bereich **Sprache und Aufbau** finden sich folgende Merkmale:

- informelle Sprachebene mit umgangssprachlichen Wendungen *(colloquialisms, idioms),*
- Wertung durch konnotative Ausdrücke,
- dramatisches Vokabular in Schlagzeilen,
- einfache Satzstrukturen,
- kurze Absätze ohne gedankliche Entwicklung.

Layout und Format zeichnen sich aus durch:

- überdimensionale Schlagzeilen,
- Verwendung von Farbdruck,
- einen hohen Bildanteil,
- kleinseitiges *tabloid*-Format (gilt insbesondere für das britische Zeitungswesen).

Mithilfe all dieser Kriterien ist es möglich, Zeitungsartikel auf ihre Qualität hin zu untersuchen und ihre Struktur zu analysieren – eine Aufgabe, die in Abiturklausuren sehr häufig verlangt wird.

Typische Aufgabenstellungen

- Examine the language of the article and explain whether it was published in a quality or a popular paper.
- Read the article. How does the author convey the information on ...? Examine the structural elements that are used in the article.
- How is the subject matter presented? Explain the structure of the text and describe its effect on the reader.

Methodik **Formulierungshilfen**

Describing the author's / text's attitude towards the subject matter

- in a positive way: balanced, factual, in-depth, thought-provoking, perceptive, controversial, predictable, hilarious, entertaining, reliable, exclusive, comprehensive, authoritative, impressive, promising, creative, critical, selective, sophisticated, objective,
- in a negative way: prejudiced / biased, subjective, unbalanced, stereotyped, opinionated, patronizing, wicked, pompous, trivial, unreliable, sensationalistic, moralizing, gossipy, superficial, limited, corrupting, harmful, offensive, unsuitable.

Aufgabe 1

Dennis Rice: "Briton Is Shot Dead by Sniper". Daily Express. May 20, 2004
What kind of newspaper article is the following text?
Describe the structural elements and explain their effect on the reader.

A British Olympic-class sportsman has been murdered in Iraq while working as a private security guard protecting American oil engineers.

Andrew Harries, 33, father of a three-year-old girl, died from a single shot to the head when his civilian convoy was attacked by snipers on the main highways to the city of Mosul.

Andrew, of Llwydcoed, South Wales, was three times British luge-sledding-champion, and qualified to represent his country at Japan's Winter Olympics in Nagano seven years ago.

His father Geoffrey, a retired company director, had not even known he was in Iraq until the killing. Andrew had agreed with his brother David, 35, to lie to their father to stop him worrying – pretending that he was in Kuwait.

Yesterday David told how he had been forced to break the news to his little niece Ella, whose mother is separated from Andrew.

"You can imagine how devastated she is that she won't ever see her daddy again," David said.

Describing how his brother was murdered, he said: "Andrew was in a convoy of three vehicles when they came under attack from a sniper. The driver of the truck Andrew was travelling in was his half-brother Neil Meade, who tried to get to safety as quickly as possible.

"But it was too late for Andrew. A bullet came through the windscreen and he died instantly. He was an experienced soldier and had been in many trouble spots around the world. But this was still a great shock."

David said: "Neil is absolutely distraught having to see his half-brother die next to him, in a senseless act that achieved nothing. It is now his wish to come home with his brother and they will be flying out very soon."

Andrew joined the army from school but quit five years ago after 12 years with the Royal Engineers. He had seen service in Northern Ireland and was in the first Gulf War. He also had two tours of service in Bosnia.

He had been in Iraq for eight weeks when he was killed, and was due home early next month.

Wissen **Informationen kategorisieren**

Egal, in welcher Zeitung ein Artikel erscheint – die Informationen lassen sich wie folgt kategorisieren:

- *general news / current affairs / hot news,*
- *international / national / home / domestic,*
- *serious topics: finance, economy, education, politics, social issues, arts, sports,*
- *entertainment topics: human interest stories, cartoons / caricatures / jokes, stars and starlets, gossip, crossword puzzle, television listings.*

Aufgabe 2

Charles Duhigg: "The Life Insurance Industry Turns Pale As Elderly Cash In". New York Times International, articles selected for Süddeutsche Zeitung. January 7, 2007
Read the article thoroughly. How does the author convey the information on selling life insurance policies? Explain the structure of the text and describe its effect on the reader.

Marvin Margolis, an 80-year-old Manhattan financial consultant, is looking for inverstors willing to bet on when he will die. Two years ago, Mr. Margolis bought a large life insurance policy. Now, he's considering selling it to a group of investors, a deal that should give him as much as $ 2 million to enjoy in his final years. In return, the investors will get the policy's $ 7 million payout when he dies – which they hope will be soon, so they can stop paying his premiums.

"This is a wonderful opportunity to use my body as an asset," Mr. Margolis said. "I deserve to be able to benefit in some way from my age."

Trading in life insurance policies held by wealthy seniors has quietly become a big business. Hedge funds, financial institutions like Credit Suisse and Deutsche Bank, and investors like Warren E. Buffett are spending billions to buy life insurance policies from the elderly. Other inverstors are paying seniors to apply for life insurance, lending them money to buy the policies, and then reselling them to speculators.

This nascent market illustrates one way that investors are hoping to make money from a large and wealthy generation of Americans as they reach retirement age. These aging baby boomers and those even older offer both opportunities and risks for many companies, investors and swindlers seeking to capitalize on their final years.

But insurance executives say transactions like Mr. Margolis' may cripple their industry and make it harder for the average senior to buy life insurance in the first place. Insurers are worried because they count on many customers cancelling their policies before they die. If far more policies result in payouts, the insurance business becomes less profitable.

Indeed, industry analysts say they expect the cost of life insurance to rise as companies prepare to pay out more claims.

"If payouts increase, the cost of insuring people is effectively going up, and that will definitely increase the price of policies," said J. David Cummins, a professor at the Wharton School of the University of Pennsylvania.

While that may be the case, many people have come to rely on selling their policies to provide urgently needed money for medical care and living expenses when their bank accounts run dry.

However, insurance executives say that the market that has emerged could be ruinous.

"Life insurance is a way for individuals to protect their families," said C. Robert Henrikson, the chief executive of MetLife. "If someone profits from a stranger's death, it stands up the whole purpose of life insurance on its head. Anything that disrupts the economic processes underlying this industry will drive the cost of life insurance through the ceiling."

The biggest insurer in the United States, American International Group, earlier this year increased prices on some universal life policies for buyers more than 70 years old in an effort to thwart these deals.

"We don't want this business, and we're taking steps to discourage those purchasers from coming through our doors," and A.I.G. spokesman said.

But many people who have sold their policies say it

offered their only way to avoid calamity.

"If I hadn't been able to sell this policy, we would have lost our house, all of our savings, everything," said Andrew Schneider of Kaysvill, Utah. Seven years ago his wife, Karen, learned that she had breast cancer. Her expenses exceeded the Schneider's medical insurance by half a million dollars.

Mrs Schneider sold her life insurance policy for about $ 250 000 and used the money to buy medicine and pay bills, he said. The investors who bought her policy received a $ 500 000 death benefit when she died last year.

"Selling that policy extended her life for years," said Mr. Schneider. "If this market hadn't existed, we would have become financially destitute."

Annotations: payout: a large amount of money that is given to somebody; asset: something valuable a person owns; nascent: just beginning to exist

5.1.2 Unterscheidung von Information und Kommentar

Zeitungsartikel lassen sich in zwei Gruppen einteilen: Es gibt Artikel zur **Tatsachenvermittlung** *(factual articles)* und Artikel zur **Meinungsdarstellung** *(commenting articles)*.

Artikel zur Tatsachenvermittlung *(factual articles)*
Solche Artikel dienen der Überlieferung von Informationen. Sie sind zumeist sehr sachlich ausgerichtet, ein aktuelles Ereignis steht bei der Berichterstattung im Vordergrund.

Zu den *factual articles* zählen:

- die **Nachrichtenmeldung *(news item)*:** eine (häufig kurze) Meldung, die die W-Fragen (s. S. 11) zu einem Ereignis beantwortet,
- der **Bericht *(news report)*:** Ein Bericht widmet sich ausführlich, aber unkommentiert einem aktuellen Tagesereignis,
- die **Reportage *(feature)*:** In einer Reportage wird ein Thema, das über einen längeren Zeitraum aktuell ist, ausführlich dargestellt und von mehreren Seiten beleuchtet. Eine Reportage ist tatsachenorientiert, manchmal auch persönlich gefärbt und liefert Hintergrundinformationen sowie Expertenmeinungen und Augenzeugenberichte.

Auch die sogenannten *factual articles* enthalten versteckte Wertungen. Bereits die Auswahl einer Information aus vielen stellt eine erste Wertung dar. Auch die Anordnung und sprachliche Präsentation einer Nachricht können versteckte Wertungen enthalten.

Tipp

Es ist immer sinnvoll, den Aspekt der **versteckten Bewertungen** in die Textanalyse einfließen zu lassen und ggf. zu argumentieren, ob bzw. warum ein Zeitungsartikel dennoch sachlich richtig und / oder von allgemeiner Wichtigkeit ist.

Artikel zur Meinungsdarstellung *(commenting articles)*
Im Vordergrund eines solchen Artikels steht immer die Meinung des Schreibenden. Zwar enthält auch ein Artikel zur Meinungsdarstellung oft Informationen, diese werden aber eindeutig in einen wertenden Kontext eingebunden. *Quality papers* weisen Artikel zur Meinungsdarstellung explizit aus!

Zu den *commenting articles* gehören:
- Der **Leitartikel *(editorial / leading article):*** gegliederte und argumentativ aufgebaute Stellungnahme des Herausgebers oder leitenden Redakteurs zu einem aktuellen Tagesereignis.
- Der **Kommentar *(comment)*** ist ein regelmäßig erscheinender Artikel, der häufig einen festen Platz im Layout einer Zeitung hat. Er weist eine argumentative Struktur auf, der Autor nimmt persönlich und wertend Stellung zu einer aktuellen Nachricht oder einem aktuellen Ereignis.
- Der **Leserbrief** (***letter to the editor***, vgl. Kap. 3.1.4) gibt dem Leser einer Zeitung die Möglichkeit, die eigene Meinung publik zu machen.
- Eine **Film**- oder **Buchbesprechung *(review)*** informiert und bewertet Neuerscheinungen.

Wissen **Die *news story***

Es gibt Zeitungsartikel, die sich nicht explizit einem der beiden Typen zuordnen lassen, da sie Tatsachen und Kommentar vermischen. Die *news story* ist eine kommentierte Darstellung eines aktuellen Ereignisses, in der die chronologische Anordnung von Informationen bewusst durchbrochen wird und Meinungsäußerungen von Beteiligten oder Augenzeugen in die Berichterstattung einfließen.

Manche Medien versuchen, durch die Art der Darstellung die Massen zu beeinflussen. Ist eine solche Beeinflussung für den Medienkonsumenten nicht erkennbar (z. B. weil die Pressefreiheit ausgeschaltet oder zu wenig Hintergrundwissen vorhanden ist), wird ein Leser bzw. Nutzer zum Objekt einer **Manipulation.** Es gibt unterschiedliche Techniken der Beeinflussung:
- Übertreibung *(exaggeration),*
- Untertreibung *(playing-down of facts),*
- Euphemismen *(euphemisms),*
- Zurückhaltung von Informationen *(withholding information),*
- einseitige Informationsauswahl *(one-sided information),*
- Vereinfachung *(simplification)* oder Veränderung von Fakten,
- Wiederholung bestimmter Schlagwörter *(repetition of slogans).*

Typische Aufgabenstellungen

- What does the use of stylistic devices / the sentence structure tell us about the aim of the text?
- What is the writer's attitude towards the subject presented? Find examples of whether and how the reader is influenced by stylistic devices or the sentence structure of the text.
- What kind of article is the following text? Judge upon the way the subject matter is presented and give reasons for your decision.

Aufgabe 3

"End Failing Policies That Let BNP Through School Gates". Daily Express. May 20, 2004

What kind of article is the following text? Explain the structure of the text and analyse the stylistic devices and structural features that are used to create a (neutral? / biased?) effect.

Our children are in danger. Their innocent heart and minds are at risk from the warped ideas of the British National Party. It is distributing pamphlets to schools and colleges encouraging youngsters to ask teachers questions that could incite racial hatred. But vulnerable youngsters may not see it his way. No swastikas emblazon the pamphlet and it contains no racist rants. Instead there is a smiling picture of Jennifer Griffin, the fresh-faced 17-year-old daughter of BNP leader Nick Griffin, and a leader of the Young BNP Supporters Club. Like its parent, it has learned that is more attractive when cloaked by reasonableness.

The BNP now has swapped its thuggish look for suits and its angry speeches for moderate tones. It is using women to soften its image and even courts popularity by campaigning for recycling and better transport. But beneath the surface the hatred remains.

Many people are being deceived by the BNP's makeover. Frighteningly, some others who know what the BNP is and what it stands for still intend supporting it as a protest vote. They do not realise that they are empowering evil.

Politicians must unite to fight the BNP tooth and nail and to do that they must start listening to the electorate. The BNP thrives on disaffected voters, alienated from the political process.

In particular the Government must see that a shambolic asylum policy and free-for-all immigration play into the hands of the far-Right. In a country with limited resources, incomers who are seen as lengthening the queues are resented, especially by those already deprived.

If the vile far-Right gains support, it will be because respectable political parties have failed the voters.

Annotations: warped: not normal; incite: to stir up; swastika: kind of cross emblematic of Nazism; cloaked: covered; thuggish: violent; electorate: the people who have the right to vote; shambolic: chaotic; vile: disgusting

5.2 Wissenschaftliche Sachtexte

Wissenschaftliche Sachtexte *(historical / scientific / technological account / report)* wenden sich an ein Fachpublikum oder interessierte Leser. Sie zeichnen sich aus durch

- eine expositorische Struktur (vgl. Kap. 3.1.3),
- eine inhaltliche Schwerpunktsetzung, bei der häufig auch neue gedankliche Strukturen entwickelt und dargelegt werden,
- die Verwendung von Fachvokabular,

- eine formelle, sachliche Sprache,
- komplexe Satzstrukturen sowie
- zahlreiche Belege, z. B. in Form von Zitaten aus anderen Werken, Diagrammen, Schautafeln etc.

Wissen **Das Essay**

Eine besondere Form der wissenschaftlichen Veröffentlichung ist das Essay. Ziel eines Essays ist nicht die wissenschaftliche Exaktheit, sondern die durch die persönliche Einstellung des Autors gefärbte, strukturierte Auseinandersetzung mit einem Thema.

Typische Aufgabenstellungen

- Analyse the structural elements of the following text: How is the subject matter presented?
- What is the author's attitude towards the subject? How is the reader influenced by the structure of the text?

Aufgabe 4

Francesco Alberoni: "Stardom And Charisma"
Analyse the text: How is the subject matter presented?
Which structural elements are used to underline the message of the text?

We will use the word "stars" and "stardom" with a rather wider meaning than common usage allows [...]. One would understand by this word the phenomenon by which a certain individual attracts, in the eyes of many others, an unconditional admiration and interest. The cry of the crowd to the victorious champion "you are a god" provides a typical example. The champion is credited with capacities superior to those of all other men, and thus with super-human qualities. Weber defined this situation as charismatic [...] He writes:

"By charisma we mean a quality regarded as extraordinary and attributed to a person. ... the latter is believed to be endowed with powers and properties which are supernatural and superhuman, or at least exceptional even where accessible to others; or again as sent by God, or as if adorned with exemplary value and thus worthy to be a leader."

We can, first of all, ask ourselves what the relevance of this example is in assessing the phenomenon of stardom as we have presented it. Are the stars truly gods in the literal meaning of the word, or rather charismatic figures?

According to Max Weber, charisma leads to a power relationship by virtue of the fact that the possessor of charisma is perceived as a leader or chief (thus producing an internalized feeling of obligation); under his leadership, those who submit derive benefits which constitute proof of charisma. In the definition of "stardom" we have made it clear that the star is now endowed with authoritative power and that his decisions are not collectively felt to have any influence on the life and the future of members of the collectivity. How is it that the charismatic element of "stardom" does not get transformed into a power relationship? The explanation must be sought in the mechanism which, in a highly structured society, give rise to the specificity of social roles. Whoever occupies a social position is appraised according to the specific content of the function which characterizes this position. In the case of a multiple classification, the specificity of the function and of the evaluation does not disappear [...].

Annotations: to be endowed with: to naturally have a particular feature; to derive: to come or develop from s. th.

6
Fiktionale Texte analysieren

Im Gegensatz zu Sachtexten, die immer einen konkreten Bezug zur Wirklichkeit haben, bilden fiktionale oder literarische Texte eine vom Autor erdachte Wirklichkeit ab. Die fiktionale Wirklichkeit wird aus folgenden Elementen konstruiert:

- Handlung *(plot)*,
- räumliche Dimension *(setting, space)*,
- zeitliche Dimension *(time)*,
- Figuren *(characters)*,
- Perspektive *(point of view)*,
- Sprache als Vermittlungsmedium *(language)*.

Die Informationen über Personen, Situationen und Ereignisse sind nur anhand des jeweiligen Textes überprüfbar.

Wissen **Fiktionalität**

Unter Fiktionalität versteht man die Eigenschaft von literarischen Texten, einen eigenen abgeschlossenen Bezugsrahmen zu besitzen, der außerhalb der Wirklichkeit liegt, aber Ähnlichkeiten mit der Wirklichkeit aufweist.

Solche literarischen Texte lassen sich je nach der Form ihrer Darstellung einer literarischen Gattung zuordnen.

Epische Texte

Der wesentliche Unterschied zu den Gattungen Lyrik und Dramatik besteht im Vorhandensein eines Erzählers.

Zu den epischen (erzählenden) Texten gehören:

- Erzählung *(narration)*,
- Kurzgeschichte *(short story)*,
- Anekdote *(anecdote)*,
- Fabel und Märchen *(fable, fairy tale)*,
- Roman *(novel)*.

Lyrische Texte
Lyrische Texte sind literarische Texte, die in gebundener Sprache verfasst sind, also Versmaß und Reim aufweisen.

Zu den lyrischen Texten gehören:
- Gedicht *(poem),*
- Ballade *(ballad),*
- Sonett *(sonnet),*
- Lied *(song).*

Dramatische Texte
Dramatische Texte sind für die Aufführung auf einer Bühne bestimmt. Daher finden sich in solchen Texten Bühnenanweisungen und das Bühnengespräch, wo die Interaktion zwischen den Figuren stattfindet.

Zu den dramatischen Texten gehören:
- Schauspiel *(play),*
- Komödie *(comedy),*
- Tragödie *(tragedy),*
- Kurzdrama / Einakter *(short play / one-act play),*
- absurdes Drama *(drama of the absurd).*

6.1 Strukturmittel fiktionaler Texte

Um einen literarischen Text zu gestalten, kann sich ein Autor verschiedener Mittel bedienen; zentrale Elemente sind dabei neben der Wahl der Erzählerfigur das Erzähltempo und die Art und Weise, wie Figuren charakterisiert werden (vgl. Kap. 6.2 und 6.3). Dabei folgt der Aufbau eines literarischen Textes folgendem grundsätzlichem Schema:
- Die **Exposition *(exposition)*** stellt das Thema *(main theme),* den Konflikt *(conflict),* die Figuren *(characters)* sowie Ort und Zeit der Handlung *(setting: time and place of action)* vor.
- Im **Hauptteil *(middle part)*** steigt die Handlung zum Höhepunkt *(climax)* an; ein Wendepunkt *(turning point)* leitet die abfallende Handlung ein.
- Der **abschließende Teil der Erzählung *(conclusion / final part)*** führt eine Lösung des Konflikts *(solution)* herbei.

6.1.1 Strukturmittel im Gesamtkontext

Wichtige „Konstruktionsprinzipien“, also Auffälligkeiten und Besonderheiten eines literarischen Textes finden sich nicht nur bei der abschnittsweisen Analyse eines Textausschnitts, sondern auch bei der

Betrachtung eines Textes als Ganzes bzw. Einheit. Als Strukturmittel im Gesamtkontext werden dabei die folgenden Elemente besonders häufig eingesetzt:

- **Wiederholung** von vollständigen Handlungen oder einzelnen Handlungselementen,
- **Kontrast:** Handlungen oder Figuren werden kontrastiert bzw. gegenläufig angelegt,
- **Parallelen** finden sich z. B. in der Stimmung bzw. Atmosphäre eines Ortes oder Ereignisses,
- **Kombination** von Unerwartetem / Unpassendem (Stilbruch, Ironie, Provokation),
- **Steigerung,** z. B. der Spannung oder der Intensität eines Ereignisses.

6.1.2 Strukturmittel in Gedichten und Liedern

Gedichte und Lieder zählen zu den fiktionalen Texten. Sie zeichnen sich durch ihre besondere äußere Form aus, denn sie sind eingeteilt in Verse *(lines)* und Strophen *(stanzas)*. Auf der sprachlichen Ebene besitzen Gedichte und Lieder eine ausgesprochen bildhafte Sprache, die reich ist an Metaphern und Symbolen (zu den Stilfiguren vgl. Kap. 4.2.4), ausdrucksstark und konzentriert.

Eine gute Gedichtanalyse berücksichtigt immer die folgenden Punkte:

Inhalt

- Gedichte und Lieder sind thematisch nicht festgelegt: Alltägliche Themen können ebenso behandelt werden wie gesellschaftskritische.
- Sie spiegeln häufig die persönliche Sichtweise des Sprechers, des sogenannten **lyrischen Ichs *(lyrical I),*** wieder.
- Sie thematisieren innere Vorgänge: bewegende Eindrücke oder Erfahrungen, tiefe Gefühle, gedankliche Reflexionen.

Aufbau

- Gliederung in Strophen *(stanzas)* gleicher oder unterschiedlicher Länge,
- Lieder meistens mit Kehrvers *(refrain)*.

Klangmittel

- Der Reim *(rhyme scheme)* als auffälligstes Strukturmittel führt zu Klangwiederholungen, zumeist am Zeilenende.
- Das Metrum *(metre)* ist das Klangmuster, das durch die regelmäßige Abfolge von betonten (–) und unbetonten (◡) Silben entsteht. Eine Einheit betonter und unbetonter Silben *(stressed and unstressed syllables)* nennt man Fuß *(foot)*.

- Der Rhythmus *(rhythm)* ist das Klangmuster, das durch die sinnschaffende Betonung beim Vortrag in einer Zeile entsteht. Die Rhythmusbewegung muss nicht immer mit dem Metrum übereinstimmen, sondern kann auch unabhängig von ihm verlaufen.
- Unter Lautmalerei *(onomatopoeia)* versteht man die Wiedergabe natürlicher Geräusche o. Ä. durch klanglich ähnliche sprachliche Laute, z. B. „oink, oink" für die Grunzgeräusche der Schweine u. Ä.

Sprache
- bildhafte Sprache, die reich ist an Metaphern und Symbolen,
- häufiges Vorkommen von Satzverkürzungen und / oder Auslassungen.

Typische Aufgabenstellungen
- What is the theme or subject matter of the poem / song?
- How is the theme presented?
- What attitude does the poet / songwriter show towards the subject matter?
- What is the effect of the performance? (That means: Does the rhythm contribute to the atmosphere or mood of the poem / song?)

Methodik **Formulierungshilfen**

- **Discussing the subject matter:**
  The poem / song deals with / is about / describes the feeling of ...
  In the poem the speaker thinks about / remembers a situation when ...
  The event which the poem / song describes takes place in ...
  The poem / song is addressed to ...
- **Discussing the mode of presentation:**
  The poem / song can be divided into ... parts.
  The first part / stanza describes ...
  The poem / song becomes more and more thoughtful.
  The poem / song moves towards a climax.
  The poet's / songwriter's attitude towards the theme is ...
  The poet / songwriter uses an image / a metaphor / a simile in line ... in order to show ...
  The poem creates a sad / happy / thoughtful mood.
- **Discussing the effect of the performance:**
  The rhythm is fast / slow / monotonous / smooth / lively / flowing.
  The singer's voice is high / deep / low / faint. It underlines the happy / sad / aggressive tone of the song.
- **Discussing the message:**
  The poem / song wants to express / to protest against / to ask for / to persuade the listener to ...

Aufgabe 1

William Shakespeare: Sonnet 18
Analyse the poem: What is the theme of Shakespeare's sonnet and how is it presented? Find the stylistic devices that the author uses to create these certain effects.

Shall I compare thee to a summer's day?
Thou art more lovely and more temperate.
Rough winds do shake the darling buds of May,
And summer's lease hath all too short a date.

Sometime too hot the eye of heaven shines,
And often is his gold complexion dimm'd
And every fair from fair sometimes declines,
By chance, or nature's changing course, untrimm'd;

But thy eternal summer shall not fade,
Nor lose possession of that fair thou owest,
Nor shall Death brag thou wander'st in his shade,
When in eternal lines to time thou growest
So long as man can breathe or eyes can see,
So long lives this, and this gives life to thee.

6.1.3 Strukturmittel in Dramen

Das wichtigste Strukturelement ist die Untergliederung in **Szenen,** in der eine meist in sich abgeschlossene Handlung zu einer Einheit zusammengefasst ist. Neben dieser Unterteilung in Szenen und **Akte** sind die **Regieanweisungen,** die die Realisation eines Stückes auf der Bühne betreffen, für Dramentexte kennzeichnend.

Wissen **Elemente des Dramentextes**

Die **Bühnenanweisungen** ***(stage directions)*** sind Hinweise des Autors an den Regisseur, wie die Bühne gestaltet werden soll, um eine dem Text angepasste Wirkung zu erzielen. Detaillierte Angaben zu Ort und Zeit der Handlung, Bühnenausstattung und -effekten lassen Rückschlüsse auf die Stimmung der handelnden Figuren zu und können zudem symbolische Bedeutung besitzen. Angaben zu Gestik, Mimik und Sprechweise der Akteure informieren über Gefühlslage und Einstellung der Figuren.

Die **Figurenrede** ***(dialogue, monologue, aside)*** bildet den Kern des Dramentextes. Im Bühnengespräch findet die Interaktion zwischen den Figuren statt, aus der die Beziehungen der Akteure zueinander erkennbar werden und sich die dramatische Handlung entwickelt.

Klassische Dramen sind in der Regel in **fünf Akte** gegliedert:

1. Akt: Die Protagonisten werden vorgestellt und das Geschehen wird eingeführt (Exposition, ***exposition***). Diese Exposition liefert das Fundament für den Aufbau der Handlung und nennt Vorgeschichte und Handlungsziel der Hauptfigur, aus denen sich der dramatische Konflikt entwickelt.

2. Akt: Der Konflikt spitzt sich zu; dies bezeichnet man als steigende Handlung ***(rising action).*** Diese *rising action* wird auch als Komplikation bezeichnet, da die Hauptfigur auf dem Weg zu ihrem Handlungsziel einige Hindernisse zu bewältigen und Rückschläge zu erleiden hat.

3. Akt: Hier findet sich der Höhepunkt der Ereignisse. Die Handlung schlägt um ***(climax, crisis).*** Dieser Höhepunkt leitet unmittelbar den Wendepunkt ***(turning point)*** der Handlung ein: Das Kräfteverhältnis verschiebt sich; in der Tragödie bahnt sich der Untergang der Hauptfigur an.

4. Akt: Der Konflikt wird hinausgezögert: Man spricht vom retardierenden Moment, mit dem der Spannungsbogen verlängert wird ***(falling action).***

5. Akt: Der Konflikt endet entweder tragisch durch Scheitern oder Tod des Helden, oder eine Versöhnung, eine gütliche Lösung ***(dénouement / solution)*** wird erreicht.

Das **zeitgenössische** bzw. **moderne Drama** hat zudem Techniken entwickelt, auch zeitlich zurückliegende Handlungen, ähnlich wie im Film, als Rückblenden ***(flashback)*** auf der Bühne darzustellen oder auch den Zuschauer durch direkte Ansprache in das Geschehen zu verwickeln. Weitere Merkmale:
- Die Exposition ist nicht auf den ersten Akt festgelegt.
- Dramenanfang und -ende können provokativ, abrupt und offen sein.
- Das Drama besteht in der Regel aus zwei oder drei Akten.

Typische Aufgabenstellungen
- How does the plot develop? Describe the action throughout the play and explain the structure of the play.
- Subdivide the action in act ... / scene ... into meaningful phases and thus explain the structure of that act / scene.
- Take a closer look into scene ... Why does ... happen?
- What is X's intention in scene ...? Describe the reason and the effect of X's action.

Aufgabe 2

George Bernhard Shaw: "Pygmalion"
Take a closer look at this excerpt and explain Liza's reaction to Mr Higgins' speeches.

Mr Higgins is a professor of phonetics specialized in English dialects. He is convinced that a person is how that person speaks. When Liza, a poor flower girl that Higgins ran across a day earlier by accident, meets Mr Higgins in his place, he is talking to Pickering, who himself is a student of Indian dialects.

PICKERING: Higgins, I'm interested. What about the ambassador's garden party? I'll say you're the greatest teacher alive if you make that good. I'll bet you all the expenses of the experiment you can't do it. And I'll pay for the lessons.

LIZA: Oh, you are real good. Thank you, Captain.

HIGGINS *(tempted, looking at her):* It's almost irresistible. She's so deliciously low – so horribly dirty –

LIZA *(protesting extremely):* Ah-ah-ah-ah-ow-ow-oo-oo!!! I ain't dirty: I washed my face and hands afore I come, I did.

PICKERING: You're certainly not going to turn her head with flattery, Higgins.

MRS PEARCE *(uneasy):* Oh, don't say that, sir: there's more ways than one of turning a girl's head; and nobody can do it better than Mr Higgins, though he may not always mean it. I do hope, sir, you wont encourage him to do anything foolish.

HIGGINS *(becoming excited as the idea grows on him):* What is life but a series of inspired follies? The difficulty is to find them to do. Never lose a chance: it doesn't come every day. I shall make a duchess of this draggletailed guttersnipe.

LIZA *(strongly deprecating this view of her):* Ah-ah-ah-ow-ow-oo!

HIGGINS *(carried away):* Yes: in six months – in lthree if she has a good ear and a quick tongue – I'll take her anywhere and pass her off as anything. We'll start today: now! this moment! Take her away and clean her, Mrs Pearce. Monkey Brand, if it won't come off any other way. Is there a good fire in the kitchen?

MRS PEARCE *(protesting):* Yes; but –

HIGGINS *(storming on):* Take all her clothes off and burn them. Ring up Whiteley or somebody for new ones. Wrap her up in brown paper til they come.

LIZA: You're no gentleman, you're not, to talk of such things. I'm a good girl, I am; and I know what the like of you are, I do.

HIGGINS: We want none or your Lisson Grove prudery here, young woman. You've got to learn to behave like a duchess. Take her away, Mrs Pearce. If she gives you any trouble, wallop her.

Annotations: folly: stupid person; draggletailed: sloppy, careless; guttersnipe: poor, badly-dressed child who lives in slum streets; Monkey Brand: name of a detergent (substance that removes dirt etc.)

6.2
Bausteine fiktionaler Texte

Um einen Text gründlich zu analysieren, muss dieser immer von mehreren Seiten untersucht werden: Schauplatz und Atmosphäre, die Figuren (Charaktere) und die Handlungsstruktur eines Textes verdienen ebenso wie Erzähler und Erzählzeit eine gründliche Betrachtung.

Alle diese Bausteine verwendet der Autor, um die fiktionale Welt seinen Vorstellungen entsprechend zu gestalten. Da sie nicht immer auf den ersten Blick zu entdecken sind (und insbesondere berühmte Autoren sie meisterlich zu nutzen, aber auch zu verstecken wissen), gebührt ihnen bei der Textanalyse im Rahmen einer Abiturprüfung besondere Aufmerksamkeit.

6.2.1 Schauplatz und Atmosphäre

Mit der Beantwortung der Fragen „Wo?“ und „Wann?“ lässt sich der **Schauplatz** eines Ereignisses feststellen: Nicht nur der Ort, sondern auch der Zeitpunkt sowie die dadurch festgelegten Bedingungen, unter denen die Charaktere agieren, bestimmen den Schauplatz, das ***setting,*** eines fiktionalen Textes. Angaben wie „am Ufer eines Flusses bei Sonnenuntergang“ erzeugen eine bestimmte Stimmung bzw. ein besonderes emotionales Klima, die **Atmosphäre *(atmosphere).*** Diese ist somit eine Folge (!) von Bedingungen, nicht deren Ursache.

Wichtig ist also, dass erst die Elemente des Schauplatzes die Atmosphäre eines Textes schaffen, denn die Wahl eines bestimmten Ortes ruft eine bestimmte Grundstimmung hervor und spiegelt häufig das Innenleben der Figuren. Somit stehen Orte für die geistige und seelische Verfassung der Charaktere. Natur und Wetter, Farben und Formen reflektieren Stimmungen und seelische Bedingungen.

Typische Aufgabenstellungen

- How does the author create / build the atmosphere in the text?
- Examine the atmosphere of the text. How is it created?
- How does the setting contribute to the mood of the text? Give reasons for your opinion.
- Describe the effect the setting has a) on character X of the story and b) on the reader. What reason(s) does the author have to create that effect?
- Is the setting important to the story? Why?
- Which importance does the setting have in that situation? Find evidence in the text.

Methodik **Formulierungshilfen**

- **Discussing the setting of a story:**
  The place of action is ...
  The story takes place in ... / at the time of ...
  The action shifts from ... to ...
  The narrator gives a(n) accurate / detailed description of the setting.
  The setting is of a symbolic meaning because / since ...
  The setting creates a peaceful / sad / sombre / depressing mood.
- **Discussing the atmosphere of a story:**
  There is a change of atmosphere when ...
  an atmosphere charged with anger / aggression
  The fact that ... creates a(n) warm / friendly / happy / cold / sinister / hostile / frozen / repellent atmosphere.

Aufgabe 3

Sam Shepard: "True West"
How does the setting contribute to the mood of Scene One?
And what happens in Scene Nine, when the setting changes?

Scene One

Night, sound of crickets in dark, candlelight appears in alcove illuminating AUSTIN *seated at glass table, hunched over a writing notebook, pen in hand, cigarette burning in ashtray, cup of coffee, typewriter on table, stacks of paper, candle burning on table.*

Soft moonlight fills kitchen, illuminating LEE, *beer in hand, six pack on counter behind him, he's leaning against sink, mildly drunk, takes slug of beer.*

LEE: So, Mom took off for Alaska, huh?

AUSTIN: Yeah.

LEE: Sorta' left you in charge.

AUSTIN: Well, she knew I was coming down here so she offered me the place.

LEE: You keepin' the plants watered?

AUSTIN: Yeah.

LEE: Keepin' the sink clean? She don't like even a single tea leaf in the sink ya' know

Scene Nine

Mid-day, no sound, blazing heat, the stage is ravaged; bottles, toasters, smashed typewriter, ripped out telephone, etc. All the debris from previous scene is now starkly visible in intense yellow light; the effect should be like a desert junkyard at high noon, the coolness of the preceding scenes is totally obliterated. AUSTIN *is seated at table in alcove, shirt open, pouring with sweat, hunched over a writing notebook, scribbling notes desperately with a ballpoint pen.* LEE *with no shirt, beer in hand, sweat pouring down his chest, is walking a slow circle around the table, picking his way through the objects, sometimes kicking them aside.*

LEE *(as he walks):* Allright, read it back to me. Read it back to me!

AUSTIN *(scribbling at top speed):* Just a second.

LEE: Come on, come on! Just read what ya' got.

AUSTIN: I can't keep up! It's not the same as if I had a typewriter.

LEE: Just read what we got so far. Forget about the rest.

AUSTIN: All right. Let's see – okay –

AUSTIN *(wipes sweat from his face, reads as* LEE *circles):* Luke says uh –

LEE: Luke?

AUSTIN: Yeah.

LEE: His name's Luke? All right, all right – we can change the names later. What's he say? Come on, come on.

AUSTIN: He says uh – *(reading)* "I told ya' you were a fool to follow me in here. I know this prairie like the back a' my hand."

LEE: No, no, no! That's not what I said. I never said that.

AUSTIN: That's what I wrote.

LEE: It's not what I said. I never said "like the back a' my hand". That's stupid. That's one a' those – whadya' call it? Whadya' call that?

AUSTIN: What?

LEE: Whadya' call it when somethin's been said a thousand times before? Whadya' call that?

AUSTIN: Um – a cliché?

LEE: That's right. Cliché. That's what that is. A cliché. "The back a' my hand." That's stupid.

AUSTIN: That's what you said.

LEE: I never said that! And even if I did, that's where yer supposed to come in. That's where yer supposed to change it to somethin' better.

AUSTIN: Well how am I supposed to do that and write down what you say at the same time?

LEE: Ya' just do, that's all! You hear a stupid line you change it. That's yer job.

AUSTIN: All right. *(makes more notes)*

LEE: What're you changin' it to?

Annotations: to hunch over: bend over s.th. with rounded back; stack: untidy pile; slug: a single, big mouthful; to take off for: to leave; in charge: in control; to ravage: to destroy violently; debris: scattered broken pieces; junkyard: place where old metal, furniture etc. are collected and resold

6.2.2 Figurencharakterisierung

In einem literarischen Text haben die **Figuren (Charaktere)** eine wichtige Bedeutung, denn ihr Handeln, ihre Entscheidungen und Gespräche treiben das Geschehen voran und bestimmen den Handlungsverlauf.
Zu den **Eigenschaften** einer Figur ***(characteristics)*** gehören Verhalten, Denken und Fühlen sowie die äußere Erscheinung. Diese Eigenschaften können dem Leser eines Textes auf zwei unterschiedliche Arten vermittelt werden:

- **Direkte Charakterisierung:** Der Erzähler nennt und beschreibt Merkmale und Verhaltensweisen einer Figur: Aussehen *(outward appearance)*, Gewohnheiten *(habits)*, Verhalten *(behaviour)*, Einstellungen *(attitudes)* und Meinungen *(opinions)* werden aus der Sicht des Erzählers beschrieben.
- **Indirekte Charakterisierung:** Das Verhalten einer Person wird aus der Sicht einer anderen Figur dargestellt und bewertet. Der Erzähler beschränkt sich auf die kommentarlose Wiedergabe dieser Beschreibung. Der Leser ist daher gezwungen, sich ein eigenes Urteil über die Figur zu bilden.

Wissen **Figurenkonstellation**

Die Beziehungen der einzelnen literarischen Charaktere im Gesamtkontext eines Textes bezeichnet man als **Figurenkonstellation.** Dabei kann eine einzelne Figur einer Gruppe zugeordnet werden, indem sie z. B. für eine Figur im Geschehen Partei ergreift oder sich als Gegenspieler entlarvt oder indem sie als Anführer oder Vorbild fungiert etc. Dabei stellen die Beziehungen zu bestimmten Figuren *(relationships)* einen Teilbereich dar.
Die Haltung bzw. Einstellung *(attitudes)* einzelner Charaktere zueinander lässt sich dabei zwischen den folgenden Gegensatzpaaren einordnen:
affection ↔ dislike; close relationship ↔ distant relationship; friendship / support / loyalty ↔ rivalry, hostility; peaceful relationship ↔ tense relationship.

Um eine literarische Figur zu charakterisieren, stehen dem Leser ausschließlich die vom Text gelieferten Informationen zur Verfügung.
Man unterscheidet zwischen Haupt- und Nebenfiguren *(main / minor characters)*.

Neben den bereits beschriebenen Äußerungen des Erzählers gehören auch die Reaktionen einer Figur zu den textimmanenten Informationen. Eine Figur kann verbale und nonverbale **Reaktionen** zeigen. Der Erzähler kann seine Figur entweder in Form von wörtlicher Rede (Figurenrede) – quasi direkt reagieren lassen oder die Reaktion – erzählerisch vermittelt – durch Beschreibungen dem Leser mitteilen.

Literarische Texte arbeiten dabei häufig mit dem Stilmittel der **Kontrastierung:** Verschiedene Personen werden mit ein und derselben Situation konfrontiert; die Unterschiede und Parallelen in diesen Reaktionen kann der Leser mithilfe eines Vergleichs feststellen und beschreiben.

In längeren literarischen Texten, insbesondere in einem Roman, durchleben die Hauptfiguren häufig eine **Entwicklung *(development)*,** die von mehreren Faktoren beeinflusst sein kann und die sich in einzelne Phasen unterteilen lässt *(gradual development)*. Im Kurzdrama und in der Kurzgeschichte dagegen wird oft eine abrupte Veränderung *(abrupt change)* dargestellt.

Eine Untersuchung der Entwicklung von literarischen Charakteren beinhaltet:

- die Zusammenstellung der Ursachen einer Veränderung,
- die Sammlung wichtiger Textstellen, an denen die Veränderung ablesbar ist.

Typische Aufgabenstellungen

- Who are the main characters and how are they presented?
- What's X's function in the text?
- Describe X – his outward appearance, his voice and way of speaking, his dispositions and tendencies as well as his relationships to X / other persons in the text.
- Does X's position among the characters change in the course of the text?
- Does the character undergo a change? What stages does his / her development fall into?
- What's your personal opinion on X's decision in the course of events?
- Are X's reactions and decisions appropriate and justifiable? Give reasons for your opinion.

Aufgabe 4

Ernest Hemingway: "The Old Man And the Sea"
In this excerpt, the reader gets a lot of information about the old man. Write a characterization of him.
What kind of relationship do the two characters have? Give reasons for your line of argument.

He was an old man who fished alone in a skiff in the Gulf Stream and he had gone eighty-four days now without taking a fish. In the first forty days a boy had been with him. But after forty days without a fish the boy's parents had told him that the old man was now definitely and finally *salao,* which is the worst form of unlucky, and the boy had gone at their orders in another boat which caught three good fish the first week. It made the boy sad to see the old man come in each day with his skiff empty and he always went down to help him carry either the coiled lines or the gaff and harpoon and the sail that was furled around the mast. The sail was patched with flour sacks and, furled, it looked like the flag of permanent defeat.

The old man was thin and gaunt with deep wrinkles in the back of his neck. The brown blotches of the benevolent skin cancer the sun brings from its reflection on the tropic sea were on his cheeks. The blotches ran well down the sides of his face and his hands had the deep-creased scars from handling heavy fish on the cords. But none of these scars were fresh. They were as old as erosions in a fishless desert.

Everything about him was old except his eyes and they were the same colour as the sea and were cheerful and undefeated.

"Santiago," the boy said to him as they climbed the bank from where the skiff was hauled up. "I could go with you again. We've made some money."

The old man had taught the boy to fish and the boy loved him.

Annotations: skiff: a small light boat for rowing or sailing; to coil: to wind into a series of circles; gaff: a pole with a hook on the end used to pull fish out of the water; gaunt: very thin

6.2.3 Handlungsstruktur

Die Handlung einer Erzählung *(plot)* besteht aus einer Kette von Ereignissen *(events)*. Als Ereignis oder Handlung bezeichnet man dabei eine Situations- oder Zustandsveränderung in einem Zeitverlauf.

Zur Handlung in einem Text gehört immer
- eine Ausgangssituation,
- das Erkennen von Handlungsmöglichkeiten und
- die Situationsveränderung als Ergebnis der Handlung.

Um nun einen Text bzw. eine Geschichte in Handlungsabschnitte untergliedern und im Anschluss daran die Bedeutung eines Ereignisses entschlüsseln (analysieren) zu können, ist es wichtig, wiederholt auftretende Ereignisse und Ereignismuster aufzudecken und die symbolische Bedeutung eines Ereignisses (z. B. die Reise als Symbol des Übergangs zwischen Jugend und Erwachsenendasein im Entwicklungsroman) entschlüsseln und verstehen zu können.

Sämtliche Ereignisse eines Textes können auf unterschiedliche Weise angeordnet werden:
- in ihrer zeitlichen Reihenfolge *(in chronological order)*,
- verknüpft nach Ursache und Wirkung *(linked by cause and effect)*,
- verzweigt nach Haupt- und Nebenhandlung *(main plot / subplot)*,
- rückblickend *(to be told in flashback)*.

Höhepunkt *(climax)*

Den Punkt, an dem sich das Geschehen eines Textes auf dem Höhepunkt befindet, bezeichnet man als ***climax***. Diese *climax* ist eine Krise oder Katastrophe, die sich ereignet und zugleich dafür ausschlaggebend ist, dass sich das Kräfteverhältnis der handelnden Figuren zueinander verschiebt. Ein solcher Höhepunkt stellt zugleich einen Wendepunkt im Geschehen dar, evtl. bahnt sich der Untergang der Hauptfigur an.

Offener Schluss *(open ending)*

Ein wichtiges Gestaltungselement, das zur Analyse der Handlungsstruktur eines Textes unbedingt dazugehört, ist das Ende. Nicht immer schlägt ein Text eine Lösung vor, literarische Texte weisen manchmal auch ein offenes Ende *(open ending)* auf. In solchen Fällen liefert der Autor am Ende seines Werkes keine abschließende Lösung eines Konflikts oder einen Ausgang eines Geschehens, sondern der Fortgang der Ereignisse bleibt in mehrere Richtung hin möglich.

Das *open ending* fordert daher zum Nach- bzw. Weiterdenken und damit zur Auseinandersetzung mit der Problematik eines Textes heraus. Insbesondere für die Kurzgeschichte *(short story)* ist ein *open ending* charakteristisch.

Methodik **Formulierungshilfen**

- **Discussing the sequence of events:**
  A story is told chronologically.
  A story upsets / disregards the chronological order.
  The story switches from the present to the past.
  (An event) marks a shift in time.
  The author / narrator uses / employs retrospection / retrospective narration to ...
  X's speech / that event anticipates future events.
  Later events are foreshadowed when ...
- **Discussing the division of the narration:**
  The narrator tells his story in three parts.
  The narrator organizes / arranges / structures the story in five (major) events.
  The story falls into / can be divided into ...
  The action / development rises to a climax when ...
  The story centres round a moment of revelation / crisis.
  The story has a(n) open / surprise / happy ending.
- **Discussing the composition:**
  The story has a simple / complex structure.
  The story consists of several layers of action.
  The novel / story has a main plot / double plot / subplot.
  The story has several lines of action.
  The lines of action are interlinked / interwoven with one another.
  A sequence of action is centred around ...
  A sequence of events has a certain pattern.
  The events are arranged in a linear / temporal / causal order.
  A parallel / contrasting scene is presented.
  Scene / event X correlates with another scene / event.

Typische Aufgabenstellungen
- Describe the sequence of events of the text / story.
- Point out the important events of the story. What are the consequences of these actions / events?
- What event / situation / conflict is the text / story about?
- What parts do the story fall into?

6.3 Erzählerische Mittel

Ein Autor hat verschiedene Möglichkeiten, seine Geschichte zu präsentieren: Er kann
- Ereignisse und Vorkommnisse objektiv beschreiben, ohne darin verwickelt zu sein *(description)*,
- ein Ereignis / eine Situation und ihre Folgen reflektieren *(reflection)*,
- direkte oder indirekte Rede verwenden,
- einem Erzähler einen bestimmten Standpunkt zuweisen (Kap. 6.3.3).

Beschreibung
Der Gegenstand einer Beschreibung ist statisch: ein Objekt, ein Zustand oder eine Situation. Die Beschreibung liefert detaillierte Informationen über seine Beschaffenheit und ordnet ihn zeitlich und räumlich ein. Sie ist auch geeignet, die Atmosphäre oder Stimmung eines Schauplatzes nachvollziehbar zu machen.

Reflexion
Die Reflexion nimmt wertend oder reflektierend zum Erzählten Stellung. Sie kann am Anfang oder am Schluss einer Erzählung stehen oder diese unterbrechen.

Direkte Rede
Die direkte Rede verwendet die 1. und 2. Person des Indikativ Präsens und verleiht den Figuren selbst eine Stimme; es erfolgt keine kommentierende Einmischung eines Erzählers. Die direkte Rede wirkt auf den Leser ganz unmittelbar.

Indirekte Rede
Diese bewahrt eine Distanz zum Erzählten; sie steht nicht in Anführungszeichen und wird im Konjunktiv wiedergegeben.

Direkte und **indirekte Rede** werden auch zur Darstellung von Bewusstseinsvorgängen (vgl. Kap. 6.3.4) genutzt.

6.3.1 Zeitgestaltung

Ein Erzähltext hat immer zwei Zeitebenen: die **erzählte Zeit *(acting time)*** sowie die **Erzählzeit *(narrating time / reading time)*.** Mit dem Begriff *acting time* bezeichnet man den Zeitraum, über den berichtet wird. Dieser Zeitraum kann unterschiedlich lang sein und auf eine kurze Dauer beschränkt sein oder sich über mehrere Jahre, manchmal sogar über das ganze Leben einer literarischen Figur hinweg erstrecken. Dagegen ist die Erzählzeit *(narrating or reading time)* die Zeit, die der Leser braucht, um einen Text zu lesen.

Eine gründliche Textanalyse betrachtet immer auch den Aspekt der Zeitgestaltung eines Textes, denn indem man erzählte Zeit und Erzählzeit vergleicht, erhält man wichtige Informationen über die Gestaltung eines literarischen Werkes: Man erfasst seine **Zeitstruktur *(time scheme)*.** Es gibt unterschiedliche **Techniken der Zeitgestaltung:**

Zeitraffung *(compression of time)*
Wird zeitraffend berichtet, so ist die Erzählzeit kleiner als die erzählte Zeit; wichtige stilistische Mittel der Zeitraffung sind Zusammenfassungen und Andeutungen.

Aussparung *(ellipsis)*
Wenn der Erzähler einen Zeitabschnitt der Handlung überspringt, greift er auf das Stilmittel der Aussparung zurück. Die Aussparung ist die extremste Form der Zeitraffung.

Zeitdeckung *(simultaneity)*
Erzählzeit und erzählte Zeit sind deckungsgleich; beliebtes Stilmittel ist dabei die wörtliche Wiedergabe von Gesprächen.

Zeitdehnung *(expansion of time)*
Wenn die Erzählzeit die erzählte Zeit in ihrer Dauer übersteigt, spricht man von Zeitdehnung. Dazu gehören z. B. die Darstellung von Bewusstseinsvorgängen *(stream-of-consciousness narration)* oder die Zeitlupentechnik (z. B. auch im Film).

Zeitpause *(pause)*
Es gibt Erzählungen, in denen der Erzähler die Lesezeit des Lesers beansprucht, ohne dass die Ereignisse im Text voranschreiten – wenn der Erzähler z. B. lange Kommentare gibt oder ausführliche Beschreibungen liefert. In diesen Fällen bleibt die erzählte Zeit stehen, man spricht von einer Zeitpause.

Die Zeitgestaltung dient als **Strukurierungsmittel:**

- Durch den Wechsel von Beschleunigung, Verlangsamung und Stillstand des Erzähltempos erhält eine Erzählung einen Rhythmus.
- Wichtige Ereignisse und Abläufe lassen sich durch eine geschickte Zeitgestaltung hervorheben.

Wissen **Zeitliche Anordnung von Ereignisfolgen**

Ein Autor hat verschiedene Möglichkeiten, die Ereignisse in einem Text anzuordnen:

- **Rückwendung** ***(retrospection):***

Werden Informationen als kurze gedankliche Erinnerungen oder als Bestandteil eines Gesprächs nachgeliefert, so spricht man von einem Rückgriff *(reference to the past).*
Manchmal wird an zentralen Stellen eines Textes im Fortgang der Ereignisse innegehalten, um zurückliegende Ereignisse in szenischer Form oder in reflektierender Überschau zu präsentieren. Solche Szenen werden als Rückblick *(flashback)* bezeichnet.

- **Vorausdeutungen** ***(foreshadowing / anticipation):***

Befürchtungen und Ängste, die von den Figuren eines Textes geäußert werden oder aber Einblendungen zukünftigen Geschehens, z. B. durch die Einschaltung eines Erzählers, werden als Vorausdeutungen bezeichnet.
Ein solches Umstellen der Ereignisfolge dient häufig der Steigerung der Spannung eines Textes.

Typische Aufgabenstellungen

- Describe the major events of the story in chronological order.
- Describe the time scheme of the text. Why does the author use compression of time / ellipsis / simultaneity / expansion of time / pause?
- What is the effect of the time scheme of the text? Give reasons for your opinion.
- How does the time scheme of the text influence the reader's perception of the events of the story?

Aufgabe 5

Joseph Conrad: "Heart of Darkness"
Define the time scheme of the excerpt. What effect does the specific use of that time scheme have on the reader?

One evening as I was lying flat on the deck of my steamboat, I heard voices approaching – and there were the nephew and the uncle strolling along the bank. I laid my head on my arm again, and had nearly lost myself in a doze, when somebody said in my ear, as it were: "I am as harmless as a little child, but I don't like to be dictated to. Am I the manager – or am I not? I was ordered to send him there. It's incredible." ... I became aware that the two were standing on the shore alongside the forepart of the steamboat, just below my head. I did not move; it did not occur to me to move: I was sleepy. "It *is* unpleasant," grunted the uncle. "He has asked the Administration to be sent there," said the other, "with the idea of showing what he could do; and I was instructed accordingly. Look at the influence that man must have. Is it not frightful?" They both agreed it was frightful, then made several bizarre remarks: "Make rain and fine weather – one man – the Council – by the nose" – bits of absurd sentences that got the better of my drowsiness, so that I had pretty near the whole of my wits about me when the uncle said, "The climate may do away with this difficulty for you. Is he alone there?" "Yes," answered the manager; "he sent his assistant down the river with a note to me in these terms: 'Clear this poor devil out of the country, and don't bother sending more of that sort. I had rather be alone than have the kind of men you can dispose of with me.' It was more than a year ago. Can you imagine such impudence!" "Anything since then?" asked the other, hoarsely. "Ivory," jerked the nephew; "lots of it – prime sort – lots – most annoying, from him." "And with that?" questioned the heavy rumble. "Invoice," was the reply fired out, so to speak. Then silence. They had been talking about Kurtz.

I was broad awake by this time, but, lying perfectly at ease, remained still, having no inducement to change my position. "How did that ivory come all this way?" growled the elder man, who seemed very vexed. The other explained that it had come with a fleet of canoes in charge of an English half-caste clerk Kurtz had with him; that Kurtz had apparently intended to return himself, the station being by that time bare of goods and stores, but after coming three hundred miles, had suddenly decided to go back, which he started to do alone in a small dugout with four paddlers, leaving the half-caste to continue down the river with the ivory.

Annotations: wit: intelligence, quickness of mind; to jerk: to move with a sudden short sharp movement; rumble: a long deep sound; dugout: a canoe

6.3.2 Spannung

Um den Leser mit seinem Text zu fesseln, verwendet ein Autor Spannung als erzählerisches Kunstmittel. Sie soll das Interesse des Lesers am Stoff erregen und wachhalten. Die Entwicklung des Handlungsgerüsts, des *plot,* provoziert die Neugierde des Lesers, der wissen will, was als Nächstes geschieht und was den Figuren widerfährt. Spannung resultiert aus der Ungewissheit über den kommenden Verlauf der Ereignisse – und man will nicht nur wissen, was wem passiert, sondern auch, warum und wie etwas geschieht.

Beim Spannungsaufbau lassen sich grob fünf Phasen unterscheiden:

- die Erzeugung von Spannung *(the author generates / works up / builds up / creates suspense),*
- die Steigerung von Spannung *(the suspense intensifies),*
- die Erhaltung von Spannung *(the author upholds / maintains / delays / draws out suspense),*
- der Höhepunkt von Spannung *(the suspense reaches its climax),*
- die Lösung der Spannung *(the suspense abates / lessens).*

Typische Aufgabenstellungen

- How does the writer create suspense in the text?
- Outline the technique by which the author builds up suspense in the text / story. Is he able to maintain that suspense? Give reasons.
- Is the text full of suspense? Where and why is that?
- Outline the stylistic devices the author uses to build up suspense.

Aufgabe 6

Noel Hynd: "A Room for the Dead"
How does the writer handle suspense in this passage?

It is the winter of 1993. Detective Sergeant Frank O'Hara faces the most impossible challenge of his career: a killer who cannot possibly exist. Several years before O'Hara helped send Gary Ledbetter, a psychopatic murderer, to the electric chair. Now Ledbetter's signature is clear on a string of fresh murders.

Then another thought was abruptly upon him. The thought that he was not alone in his house. The thought that somewhere there was some sort of living presence not far away from him.

Then, as if on cue, there was another one of those creaks from somewhere off the kitchen. Somewhere on the ground floor of his house. He felt his own pulse quicken in response.

O'Hara finished the beer and reached for the automatic pistol on his ship. Quietly he unclipped it from its holster. He raised it in his hand, aloft, ready to fire if necessary. A bullet was already chambered, with a full clip waiting behind the first round.

O'Hara turned slightly where he sat and his eyes focused upon the doorway beyond the kitchen. Yes. Someone was upstairs. A bizarre notion was upon him, in spite of its lack of logic. The intruder was Gary Ledbetter.

The passage to his dining room and living room was dark. O'Hara heard another creak and felt himself start to sweat. There was no way he was imagining this, he told himself.

O'Hara stood. Thee feeling was unbanishable now. There was someone in the house with him. And sure enough, no sooner had this thought formed than there was another sound, something similar to a footfall on old floorboards.

"Christ Almighty," O'Hara swore softly. He took two cautious steps forward, stopped, and listened again. Nothing. Then came another creak, farther away, closer to the staircase at the front of the house.

O'Hara's stomach ceased churning, but only because all of his nerves were now in his throat. The palm of his hand was suddenly against the grip of the pistol.

He moved forward again.

"Anyone there?" he called.

No answer.

O'Hara came to the doorway at the rear vestibule. He reached around it to the light switch. The overhead came on and as O'Hara cautiously turned the corner it revealed an empty room.

He stood, hand aloft and ready, weapon pointing upward. He looked toward the living room.

Another creak. No, he wasn't imagining this. This was real. He was really hearing something.

He stepped to the living room, moved his free hand to a wall switch, and turned another light, still holding his weapon upward.

He scanned. The usual furniture. The sound system. The old piano. Again, he saw nothing unusual.

Outside the snow continued to fall. Occasionally the wind moaned. O'Hara stood motionless and heard yet two more creaks – or were they two more *footfalls?* – this time ascending the front steps.

He moved quickly through his living room. He turned a corner and froze. He stared expectantly at an empty staircase.

Nothing. No further sound. He pointed his pistol upward and waited, listening to his heart ripping away in his chest.

"Hello?" he finally called, his eyes narrow and squinting, fixed upon the darkness at the height of the staircase. "Who's there?"

When there was now anser, he called again. "I know someone's there! Make yourself known!"

Again, nothing.

He cursed mildly. Whatever it was had climbed the steps. He was sure of that. Wasn't he?

He followed, climbing the steps carefully. There were three upstairs bedrooms, plus a bathroom. He searched the two unused bedrooms, plus their closets. He threw on a light in the bathroom and looked in. Every corner of the room was visible. Then turned to his own bedroom. He entered the room very cautiously, every few seconds glancing over his shoulder to cover his back. He found nothing. He looked in his own bed. Nothing at all. Nor did he hear any creak again.

Annotations: footfall: the sound of the steps made by s.b. walking; clip: a set of bullets in a metal container that is placed in a pistol; unbanishable: not to be made to go away

6.3.3
Erzähler und Standpunkt

Der **Erzähler *(narrator)*** in einem literarischen Text ist *nicht* mit dem Autor identisch. Der Erzähler ist eine vom Autor geschaffene Person, die einen bestimmten **Standpunkt *(point of view)*** einnimmt und als vermittelnde Instanz zwischen Textgeschehen und Leser fungiert. Abhängig davon, welchen Standpunkt der Erzähler einnimmt, lassen sich drei Erzählsituationen bzw. Erzählerrollen unterscheiden:

- **Der Icherzähler *(first person narrator / I-narrator)*:** Der Icherzähler ist entweder als Randfigur *(observer narrator)* oder als Hauptfigur am Geschehen beteiligt. Die Erzählperspektive ist eingeschränkt, ein Icherzähler kann alles Geschehen ausschließlich von seinem eigenen Standpunkt aus überblicken *(limited point of view)*. Ein *first person narrator* berichtet zudem immer subjektiv. Allerdings vermittelt diese subjektive Wahrnehmung dem Leser den Eindruck der Teilnahme am Geschehen. Für die Textanalyse bedeutet dieser Fakt jedoch, dass vom Leser eine Prüfung des subjektiv gefärbten Berichts gefordert wird und er daher in seiner Urteilsfähigkeit gefordert ist.
- **Der auktoriale Erzähler *(omniscient narrator)*:** Der auktoriale oder auch allwissende Erzähler *(omniscient narrator)* steht außerhalb des Geschehens, das er überblickt und distanziert betrachtet. Wie ein Regisseur steuert er den Erzählvorgang durch Vorgriffe, Zeitsprünge und Rückblicke. Er kann dabei auftreten als der neutrale Erzähler *(impersonal narrator)*, der anonym bleibt und einen sachlichen, fast kommentarlosen Bericht gibt, und als der auktoriale Erzähler *(intrusive narrator)*, der durch direkte Ansprache des Lesers und einmischende Kommentare als Gestalt in Erscheinung tritt.
- **Der personale Erzähler *(third person narrator)*:** Ein personaler Erzähler erzählt die Handlung ohne persönliche Einmischung. Er berichtet in der dritten Person und ist für den Leser nicht direkt erkennbar. Gleich dem Icherzähler verfügt auch ein personaler Erzähler nur über einen eingeschränkten Einblick in das Gesamtgeschehen. Dabei kann ein personaler Erzähler die Wahrnehmungsperspektive einer einzelnen Figur *(introspection; internal point of view)* übernehmen oder als Stellvertreter einer Figur *(substitutionary narrator)* fungieren.
  Die Verwendung eines personalen Erzählers bietet dem Autor die Möglichkeit, eine besondere Nähe und dadurch auch eine Identifikation mit einer Figur zu schaffen. Für die Textanalyse gilt deshalb, dass die Urteilsfähigkeit des Lesers besonders gefordert ist.

Typische Aufgabenstellungen

- What type of narrator is used in the story?
- Is the narrator necessary for the text / story? Why did the author choose to present the sequence of events through the narrator's eyes?
- Define the narrative perspective of the text. What effect does this perspective have on the reader? Give evidence from the text.
- What attitude does the narrator have towards character X of the story? Does this attitude influence the reader's perception of the character? Give reasons for your opinion.

Methodik **Formulierungshilfen**

Discussing the narrator of a text:
- The story is told from an ... point of view / by a(n) ... narrator.
- The narrator addresses the reader personally.
- The narrator establishes a direct contact with the reader.
- The narrator is participating in the action.
- The reader gets to know s.th. from a selective / omniscient point of view.
- The narrator describes a person from the novel in detail / only superficially.
- The narrator introduces the main / a minor character at the beginning / in a specific situation.

Aufgabe 7

James Joyce: "Eveline"
Define the type of narrator of that text.
Does the narrator influence the reader's perception of Eveline?

She stood among the swaying crowd in the station at the North Wall. He held her hand and she knew that he was speaking to her, saying something about the passage over and over again. The station was full of soldiers with brown baggages. Through the wide doors of the sheds she caught a glimpse of the black mass of the boat, lying in beside the quay wall, with illumined portholes. She answered nothing. She felt her cheeks pale and cold and, out of a maze of distress, she prayed to God to direct her, to show her what was her duty. The boat blew a long mournful whistle into the mist. If she went, tomorrow she would be on the sea with Frank, steaming towards Buenos Ayres. Their passage had been booked. Could she still draw back after all he had done for her? Her distress awoke a nausea in her body and she kept moving her lips in silent fervent prayer.

A bell clanged upon her heart. She felt him seize her hand:

"Come!"

All the seas of the world tumbled about her heart. He was drawing her into them: he would drown her. She gripped with both hands at the iron railing.

"Come!"

No! No! No! It was impossible. Her hands clutched the iron in frenzy. Amid the seas she sent a cry of anguish.

"Eveline! Evvy!"

He rushed beyond the barrier and called to her to follow. He was shouted at to go on, but he still called to her. She set her white face to him, passive, like a helpless animal. Her eyes gave him no sign of love or farewell or recognition.

6.3.4 Bewusstseinswiedergabe

Literarische Texte schildern häufig die Gedanken, Wahrnehmungen, Eindrücke, Motive, Absichten und Gefühle einer Person, um das Handeln der jeweiligen Figur für den Leser nachvollziehbar und somit verstehbar zu machen. Im Zusammenhang mit den Fortschritten in der Erkenntnistheorie und Psychologie erfährt die Bewusstseinswiedergabe in der Literatur des frühen 20. Jahrhunderts eine besondere Bedeutung: Zahlreiche Autoren gewähren dem Leser nun einen **Einblick in seelische gedankliche Vorgänge** einer Figur ***(introspection).*** Je nach der Intensität, mit der der Erzähler dem Leser diese Bewusstseinsvorgänge offenlegt, spricht man von erlebter Rede, innerem Monolog oder *stream-of-consciousness narration*.

Erlebte Rede

Der Erzähler gibt die Gedanken der handelnden Figur wieder. Er verwendet dabei die 3. Person Indikativ ohne ein einleitendes *"he thought"* bzw. *"she said"*.

Innerer Monolog

Der innere Monolog gibt ein Selbstgespräch spontan-assoziativ wieder; er wird auch eingesetzt, um Unbewusstes und Tabuisiertes zum Ausdruck zu bringen.

Stream-of-consciousness narration

Diese Art der Bewusstseinswiedergabe präsentiert dem Leser die Gedanken einer Figur ungeordnet, nur assoziativ verknüpft. Häufig überlagern Erinnerungen aktuelle Ereignisse, die Chronologie der Erzählung wird durchbrochen.

Methodik **Formulierungshilfen**

Discussing introspection

- to use / employ / make use of introspection / stream-of-consciousness technique
- to present s.o.'s thoughts / feelings / perceptions by ...
- The reader is able to share s.o.'s feelings.
- The reader can easily / hardly identify with a character.

Typische Aufgabenstellungen

- What technique does the author use to show X's feeling in that situation?
- Do you consider the author's choice of technique adequate?

Aufgabe 8

Katherine Mansfield: "The Garden Party"
Describe Laura's feelings in the presented situation. How are they presented and what effect on the reader does that presentation have?

It was just growing dusky as Laura shut their garden gates. A big dog ran by like a shadow. The road gleamed white, and down below in the hollow the little cottages were in deep shade. How quiet it seemed after the afternoon. Here she was going down the hill to somewhere where a man lay dead, and she couldn't realize it. Why couldn't she? She stopped a minute. And it seemed to her that kisses, voices, tinkling spoons, laughter, the smell of crushed grass were somehow inside her. She had no room for anything else. How strange! She looked up at the pale sky, and all she thought was, "Yes, it was the most successful party."

Now the broad road was crossed. The lane began, smoky and dark. Women in shawls and men's tweed caps hurried by. Men hung over the palings; the children played in the doorways. A low hum came from the flicker of light, and a shadow, crab-like, moved across the window. Laura bent her head and hurried on. She wished now she had put on a coat. How her frock shone! And the big hat with the velvet streamer – if only it was another hat! Were the people looking at her? They must be. It was a mistake to have come; she knew all along it was a mistake. Should she go back even now?

No, too late. This was the house. It must be. A dark knot of people stood outside. Beside the gate an old, old woman with a crutch sat in a chair, watching. She had her feet on a newspaper. The voices stopped as Laura drew near. The group parted. It was as though she was expected, as though they had known she was coming here.

Laura was terribly nervous. Tossing the velvet ribbon over her shoulder, she said to a women standing by, "Is this Mrs Scott's house?" and the woman, smiling queerly, said, "It is, my lass."

Oh, to be away from this! She actually said, "Help me, God," as she walked up the tiny path and knocked. To be away from those staring eyes, or to be covered up in anything, one of those women's shawls even. I'll just leave the basket and go, she decided. I shan't even wait for it to be emptied.

Then the door opened. A little woman in black showed in the gloom.

Annotations: velvet: a special type of cloth with a slick soft surface (*dt.* Samt); frock: (old-fashioned) a dress; lass: girl, young woman

6.3.5
Satire und Ironie

Die **Satire *(satire)*** ist eine literarische Gattung, die durch Spott, Ironie, Übertreibung und Anspielungen versteckte Kritik an Personen, Anschauungen und Einstellungen sowie Zuständen und Ereignissen übt.

Satiriker betrachten es häufig als ihre Aufgabe, die Absurditäten des menschlichen Miteinanders im Alltag und (in) der Gesellschaft aufzuzeigen, um so die Menschheit vor weiteren Irrungen und Verfehlungen zu bewahren. Sie sehen sich als selbst ernannte Hüter schützenswerter Standards, als Verfechter von (humanistischen) Idealen und der Wahrheit und wollen Moral und ästhetische Werte bewahren helfen. Die Satire gilt deshalb oft auch als eine literarische Form des Protests gegen herrschende, als unzureichend empfundene Zustände.

Nicht immer aber haben satirische Texte diese kritisierende bzw. belehrende Funktion; sie dienen oftmals auch der Unterhaltung und weisen dann eine literarische Nähe zur Komödie und zur Parodie auf. Dabei bedienen sie sich gerne der folgenden Stilmittel (vgl. Kap. 4.2.4):

Reim *(rhyme)*, Rhythmus *(rhythm)*, Hyperbel / Übertreibung *(hyperbole)*, Ironie *(irony)*, Doppel- bzw. Mehrdeutigkeit *(ambiguity)* und direkter Vergleich *(simile)*.

Typische Aufgabenstellungen

- Is the following excerpt a satirical text? Give reasons for your opinion.
- Outline the stylistic devices used in the text that cause a satirical effect.
- Define the moral issue behind the stylistic devices. Do you think that this (these) issue(s) will remain relevant to the next generation?
- Examine the different means the author uses to build up a satirical effect. Give evidence from the text.

Aufgabe 9

Aldous Huxley: "Brave New World"
Why can this excerpt be called a satirical text?
Define the stylistic devices and give evidence from the text.

"And this," said the Director opening the door, "is the Fertilizing Room."

Bent over their instruments, three hundred Fertilizers were plunged, as the Director of Hatcheries and Conditioning entered the room, in the scarcely breathing silence, the absent-minded, soliloquizing hum or whistle, of absorbed concentration. A troop of newly arrived students, very young, pink and callow, followed nervously, rather abjectly, at the Director's heels. Each of them carried a notebook, in which, whenever the great man spoke, he desperately scribbled. Straight from the horse's mouth. It was a rare privilege. The D.H.C. for Central London always made a point of personally conducting his new students round the various departments.

"Just to give you a general idea," he would explain to them. For of course some sort of general idea they must have, if they were to do their work intelligently – though as little of one, if they were to be good and happy members of society, as possible. For particulars, as every one knows, make for virtue and happiness; generalities are intellectually necessary evils. Not philosophers but fretsawyers and stamp collectors compose the backbones of society.

"Tomorrow," he would add, smiling at them with a slightly menacing geniality, "you'll be settling down to serious work. You won't have time for generalities. Meanwhile ..."

Meanwhile, it was a privilege. Straight from the horse's mouth into the notebook. The boys scribbled like mad.

Tall and rather thin but upright, the Director advanced into the room. He had a long chin and big rather prominent teeth, just covered, when he was not talking, by his full, floridly curved lips. Old, young? Thirty? Fifty? Fifty-five? It was hard to say. And anyhow the question didn't arise; in this year of stability, A. F. 632, it didn't occur to you to ask it.

Annotations: abject: miserable; fretsaw: very narrow saw, fixed in a frame, for cutting designs in thin sheets of wood

7
Bilder und Filme analysieren

7.1
Karikaturen

Die Erschließung einer Karikatur *(cartoon)* erfolgt typischerweise in drei Schritten: Beschreibung – Analyse – Interpretation.

Wissen **Politische Karikaturen**

Politische Karikaturen üben Kritik an gesellschaftlichen und politischen Verhältnissen und Werten. Die Haltung des Karikaturisten *(cartoonist)* wird zugespitzt präsentiert. Dabei bedienen sich Karikaturisten häufig bestimmter Stilmittel *(stylistic devices)* wie z. B. Symbole, Verfremdung oder Übertreibung *(hyperbole)*.

Beschreibung
In einem ersten Schritt geht es darum, die vorliegende Karikatur bzw. das Bild oder Foto zu beschreiben, d. h., die dargestellte Situation soll vollständig erfasst werden. Im Idealfall kann man sich das Bild danach, auch ohne die Vorlage zu kennen, gut vorstellen.

Typische Aufgabenstellungen
- What situation is depicted?
- Which are the central characters and objects?
- Is there any text included in the cartoon or beneath the picture? What information does it give?
- When and where was the cartoon / the picture first published?

Analyse
Anschließend sollen die in der Karikatur oder auf dem Bild verwendeten Stilmittel identifiziert und in ihrer Wirkung beschrieben werden. Hier ist auch beispielsweise der gesellschaftlich-politische Kontext des Cartoons herauszuarbeiten.

Typische Aufgabenstellungen

- What stylistic devices does the cartoonist use and what is their meaning?
- How are the characters depicted? To what kind of imagery are they linked?
- How do picture and text relate to each other?
- What context does the cartoon refer to?

Interpretation / Beurteilung

Abschließend geht es bei der Interpretation um die Bewertung der Karikatur oder des Fotos. Es wird eingeschätzt, ob und wie es dem Karikaturisten gelungen ist, sein Anliegen bzw. seine Kritik an den Leser zu vermitteln.

Typische Aufgabenstellungen

- What effect does the cartoon / the picture have?
- Is the cartoon / the picture convincing?

Aufgabe 1

What is the context of the cartoon and how does the cartoonist convey his message?

7.2 Fotos

Die Vorgehensweise bei der Analyse von Fotos ist ähnlich wie bei der Analyse von Karikaturen. Auch hier ist das Foto im ersten Schritt zu **beschreiben** – zuerst der Gesamteindruck, danach wichtige Einzelheiten. Die Quelle des Fotos ist – soweit möglich – zu nennen und der Kontext, in dem das Foto steht, zu beschreiben.

Wissen **Fotos und Realität**

Fotos sind keine objektiven Abbilder der Realität, sondern „transformierte Wirklichkeit“. Dies bedeutet, dass der Fotograf „Realität“ gestaltet, indem er z. B. den Aufnahmestandort oder den Bildausschnitt auswählt und dadurch die Wirkung des Bildes mitbestimmt.

Bei der **Analyse** wird das Foto in seinen Einzelkomponenten betrachtet. Diese werden in ihrer spezifischen Gestaltung charakterisiert und in ihrer Wirkung beschrieben. Mögliche Einzelkomponenten sind der gewählte Bildausschnitt *(frame)*, der Bildaufbau *(composition)*, der Blickwinkel *(point of view)* und die Perspektive *(perspective)*. Die Analyse ist oft der umfangreichste Teil einer Bildbetrachtung.

Der letzte Schritt ist die **Interpretation / Bewertung** des Fotos. Welche Absichten und Wirkungen hat das Foto? Hat das Foto eine politische Bedeutung? Geht eine bestimmte „Botschaft“ *(message)* von dem Bild aus?

Aufgabe 2

Analyse the elements and the composition of the photograph.

7.3 Schaubilder

Grafiken, Diagramme und Statistiken sollen Informationen und Zusammenhänge veranschaulichen oder Daten und Zahlen „auf den Punkt" bringen.

Wissen **Diagramme**

Die gebräuchlichsten Formen sind:
- Liniendiagramme *(line graphs)*,
- Balken- / Säulendiagramme *(bar charts)*,
- Tortendiagramme *(pie charts)*.

Bei der Auswertung von Diagrammen sind zuerst die Form und das Thema zu benennen. Danach werden die zentralen Aussagen des Diagramms zusammengefasst.

Aufgabe 3

What information do the two following charts give?
Analyse the relationship between the two charts.

Chart 1. Unemployment rate, seasonally adjusted, February 2004 – January 2007

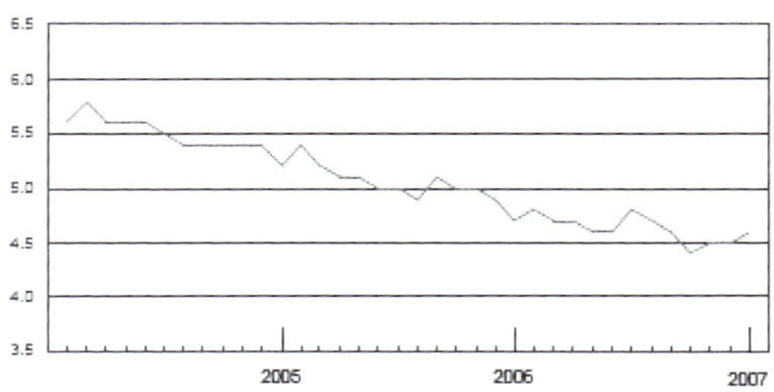

Chart 2. Nonfarm payroll employment, seasonally adjusted, February 2004 – January 2007

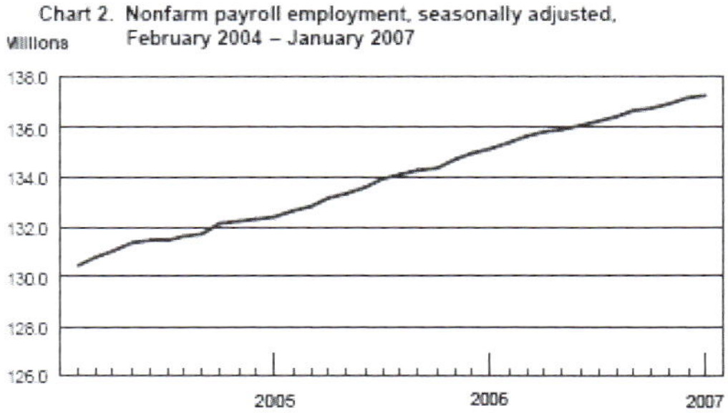

reference: United States Department of Labour, Bureau of Labour Statistics; July 6, 2007

Statistische Zahlen(reihen) stellen oft Entwicklungen und Zusammenhänge dar.

Aufgabe 4

Analyse the following statistics about carbon dioxide emissions.

Carbon Dioxide Emissions

	USA	EU countries	China
world population	4.6 %	6.3 %	21 %
world economy	30 %	23 %	3.2 %
CO_2 emissions	24 %	14 %	13 %

7.4 Filme

Im Rahmen des schriftlichen Abiturs ist es nicht möglich, einen ganzen Film zu analysieren. Falls die Filmanalyse Teil des schriftlichen Abiturs ist, wird es sich um die Analyse eines relativ kurzen Filmausschnitts (Szene) handeln. Meist wird der Filmausschnitt mit einem begleitenden Text, z. B. einer Filmkritik *(review)*, kombiniert.

Bei der Analyse eines Filmausschnitts gibt es zwei Schwerpunkte: den Handlungsablauf bzw. den Inhalt *(what happens?)* und die filmischen Darstellungsverfahren *(how is it shown?)*.

Wissen **Grundbegriffe der Filmanalyse**

Die wichtigsten **filmischen Darstellungsverfahren** sind:
- Einstellungsgröße *(field size)*,
- Darstellungsperspektive *(camera positions)*,
- Kameraführung *(camera movements)*,
- Kameraperspektiven *(camera angles)*,
- Montage / Schnitt *(editing / montage)*.

Die folgende Grafik zeigt verschiedene Einstellungsgrößen *(field sizes)*. Wichtig sind ihre unterschiedlichen Funktionen:

So soll die Detailaufnahme *(detailed shot)* die Aufmerksamkeit des Betrachters auf ein bestimmtes Objekt lenken oder die Totale *(long shot)* die gesamte Umgebung zeigen.

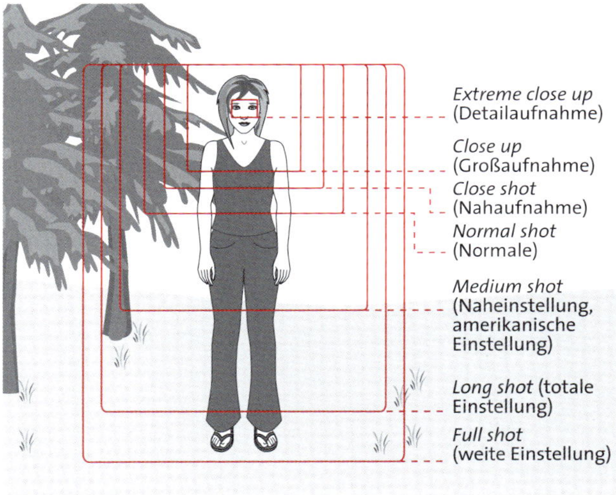

Die **Kameraführung** hat vor allem die Funktion, Bewegung ins Bild zu bringen. Ein bekanntes Beispiel ist die Kamerafahrt *(tracking shot)*, bei der die Kamera z.B. auf Schienen montiert ist und sich parallel zu einem Objekt (Pferd, Auto) bewegt. Andere Beispiele sind Schwenks *(vertical / horizontal pan)* oder Kranfahrten *(crane shot)*, bei denen die Kamera flexibel in alle Richtungen bewegt werden kann.

Kameraperspektiven ermöglichen den Perspektivenwechsel *(point of view)* durch die unterschiedliche Platzierung der Kamera. So kann in einem *point-of-view shot / eye-level shot* die Kamera quasi an die Stelle der Augen einer Figur treten. In einem *overhead shot* erhebt sich die Kamera über die Szene und ermöglicht so einen *bird's eye view*.

Durch die **Montage** bzw. den **Schnitt** des Films werden die einzelnen Szenen in eine sinnvolle Reihenfolge gebracht und die Übergänge zwischen den einzelnen Szenen *(shots / takes)* gestaltet. Bekannte Montagetechniken sind die Rückblende *(flashback)* oder die Bildteilung *(split screen)*. Bekannte Filmübergangstechniken sind Auf- und Abblenden *(fade-in / fade-out)* oder Überblenden *(cross-fade)*: Eine Szene verschwindet, während die nächste langsam auftaucht.

Musik, Sprache und **Geräusche** sind ebenfalls prägend. Diese Elemente sind den visuellen Eindrücken zwar nachgeordnet, beeinflussen die Rezeption durch ihre emotionale Ausdrucksstärke jedoch wesentlich.

Musik dient häufig der Schaffung von Stimmungen, wird aber auch oft zur Charakterisierung von Situationen oder Figuren eingesetzt. **Geräuscheffekte** *(sound effects)* verstärken oft die visuellen Eindrücke.

8
Landeskunde

Landeskundliche Texte sind oft die Grundlage des schriftlichen Abiturs. Manchmal werden auch literarische Texte mit landeskundlichen Aufgabenstellungen verknüpft. Das folgende Kapitel gibt eine inhaltliche Zusammenfassung wichtiger Themen aus dem Bereich Landeskunde, ergänzt durch eine Reihe typischer Aufgabenstellungen dazu.

8.1
Great Britain – Political System

Typische Aufgabenstellungen

- Show that the UK is no longer a completely centralised state.
- Describe the role of the Queen in Britain's political system.
- Explain why it is difficult for smaller parties to win seats in the House of Commons.

The **United Kingdom of Great Britain and Northern Ireland** – often called Great Britain or Britain – consists of four parts: England, Wales, Scotland and Northern Ireland.

Wissen **Constitutional monarchy**

Britain is a constitutional monarchy. Although the monarch is head of state, its power is severely limited. According to constitutional writer *Walter Bagehot* the monarch has three rights: to be consulted, to advise and to warn. Laws are made by parliament and executive power lies with the Government, which is headed by the Prime Minister.

Parliamentary democracy

Central to Britain's system of parliamentary democracy is parliament which is made up of two houses: the **House of Commons,** consisting of 659 elected MPs (Members of Parliament), and the **House of Lords** with close to 700 members **(peers)** consisting of 578 **Life Peers,** 90 **Hereditary Peers** and 26 **Lords Spiritual.**

The members of the House of Lords are appointed – not elected – and have little real political power. Laws passed by the House of Commons can only be delayed, but not rejected. The House of Lords also has judicial powers: it is the highest court of appeal for most cases in the United Kingdom.

Government

Her Majesty's Government performs the executive functions of the United Kingdom. The **Prime Minister** is appointed by the Queen. This does not mean that the Queen has much of a choice: she can only appoint the leader of the party that has a majority in the House of Commons. The Prime Minister then selects the other ministers, which make up the Government. About twenty of the most senior government ministers make up the **Cabinet.**

Wissen **The Prime Minister**

The PM's political position is quite strong. He leads *Her Majesty's Government*, appoints the members of his cabinet and can decide the date of general elections.

General elections

There are 659 constituencies (electoral districts) in the UK. Every constituency elects *one* Member of Parliament by **majority vote:** in each constituency the candidate with the most votes is elected and the other votes are discarded (lost votes). This system usually results in a clear majority for one of the two big parties. It does not favour smaller parties, however, since the only way to become a MP is to win a seat in one of the constituencies.

General elections must be held at least every five years. It is up to the Prime Minister to decide on the date of the elections. Once he has decided on a date parliament is dissolved by the Queen.

Wissen **Parties**

Two big and one smaller party dominate Britain's politics: The Labour Party, The Conservative Party and the Liberal Democratic Party. Most MPs belong to one of these parties. But there are a number of smaller parties with MPs, mainly the nationalist parties (Scotland, Wales and Northern Ireland).

Reforms

The United Kingdom is usually seen as a centralised state, with Parliament at Westminster holding responsibility for most of the UK's political power. This is still true today, but there have been a number of changes: in the 1990s Parliament decided to give a certain degree of autonomy to national assemblies in Scotland, Wales and Northern Ireland. This process is called **devolution** ("handing down" of powers from central government to government at regional or local level).

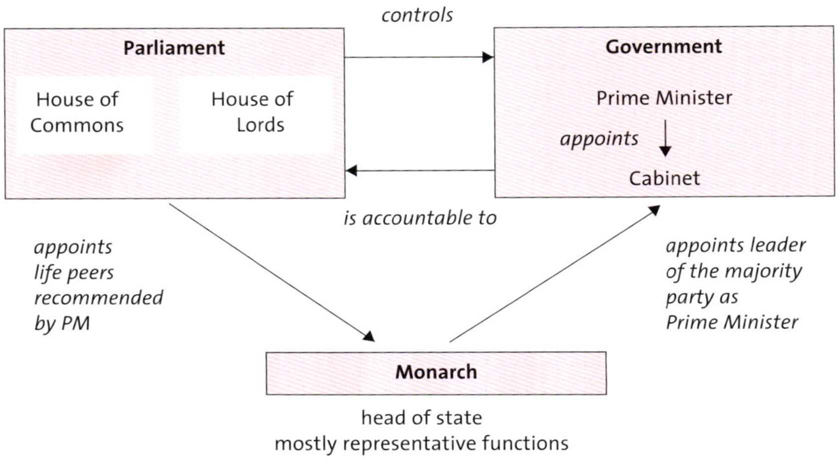

Aufgabe 1

Martin Kettle: "We Can't Just Blame Our Lack of Trust on Tony Blair's 'Lies'". The Guardian. December 30, 2006.
Sum up the results of the surveys of public opinion. Discuss steps to improve trust in the EU and public institutions in Britain.

Whether it's about politicians, the media or Europe, our levels of mistrust have become a serious national problem.

The European Union has just published the results of its latest Eurobarometer survey of public opinion in the 25 European member states. Perhaps it is no surprise to discover that Britain once again comes at the bottom of the trust table in attitudes towards the EU. Just 26 % of us trust the EU, compared with a not overly impressive 45 % of the European population as a whole. What is most striking of all, though, is that the gap between us and the next most mistrustful nation (Sweden) is so large, 12 points. This suggests that we live in a world of our own.

Because it's not just the EU we don't trust. We don't trust our own government either. The Eurobarometer survey found that just 24 % of Britons trust the British government – a six point fall in just six months, by the way. It's true that we finished above the Hungarians (whose government admitted this year that it had lied to them about the economic situation) and the Poles (whose government has become a byword for incompetence at home and abroad) and on the same score as Jacques Chirac's broken-backed French government. But there's a pattern here that can't be overlooked. We are 25th out of 25 on trust for the EU, 22nd out of 25 on trust for our national government, and 19th out of 25 in trust for our national parliament. Trustwise, we are the Watford of the western world.

And don't try to kid yourself that this is all just about politicians. Our net of mistrust is cast far wider than that. When Eurobarometer measured the level of trust in the press, Britain was back once again in our accustomed 25th and last place. A mere 19 % of people in this country trust the press, compared with a European average of 44 %. The next lowest score in this league is by Hungary, where 32 % do not trust the press. Note the gap between their score and ours. Once again, it suggests there is something exceptional about Britain.

Of course even the British trust some people more than others. Earlier this year the Committee on Standards in Public Life commissioned some Mori research on attitudes towards public institutions and conduct. It found that 93 % of us trust doctors, that 84 % trust head teachers and that 81 % of us trust judges. It found that we differentiate between television news journalists, whom a narrow majority of Britons trust, and tabloid newspaper journalists, who are trusted by only 9 %. We trust our local MP more than MPs in general and we trust both more than we trust government ministers. We even trust estate agents more than we trust ministers. [...]

I doubt there ever was or even should be a golden age of trust. To create trust in public life sets the bar very high. However, to diminish mistrust would be a more realistic and urgent goal – as well as a good new year resolution. But it has to be a collective enterprise. And it will not succeed unless politicians, the media and the citizens all recognise that we in Britain have an acute national problem for which all of us share some responsibility.

8.2 Britain and Europe

Typische Aufgabenstellungen

- Show why opposition against the Euro ist still strong in Britain.
- Many people in the UK see Europe as a megastate. Describe the fears that are connected with this concept.
- Write a letter to a eurosceptic; try to convince that person of the benefits of the EU.

Britain has always played a somewhat special role in Europe. First it was kept from joining the European Economic Community twice because France vetoed Britain's application both in 1963 and 1967. When Britain finally joined the EEC in 1973 it was only after a lengthy public debate in Britain about the merits of joining the EEC. Britain has been a member of the EU for over 30 years now but is one of the few member countries that did not join the Euro zone. Public opinion about the merits of EU membership is still divided, probably more so than in other EU countries.

Wissen **Britain and Europe: important dates**

1963: Britain applies for membership of the EEC. President de Gaulle of France vetoes the application on claims that Britain's ties with both the Commonwealth and the USA were too close.
1973: Britain is finally able to join the EEC.
1974: The British people confirm this in a referendum.
1991: Britain is among the few members of the EU that do not join the EMU (European Monetary Union). The main reason for not joining the single European currency is the fear of a loss of national sovereignty.
2005: Prime Minister Tony Blair is held responsible by many for the collapse of the EU summit in June regarding the EU's budget over the coming years.

Europe – a megastate?

There is widespread fear in the UK that the EU is heading in the direction of becoming a mega- or super state, thereby reducing the importance of the individual nation state and its sovereignty. While there is relatively little opposition against the economic implications of the European Union – i. e. the single European market –, opposition against the idea of a politically united Europe with powerful European institutions is fairly strong.

Wissen **Euromyths**

Many people believe in so-called "Euromyths". These are pieces of information about the EU that are untrue and often describe the EU as a rather bureaucratic institution trying to regulate everything. The popular press quite often twists the facts about the EU, in order to strengthen peoples' fears. One such Euromyth is that all ambulances throughout the EU must be painted yellow. Another myth is that builders will not be allowed to take their T-shirts off during work.

The Euro debate

Nearly two thirds of British voters are "Eurosceptics" or "Europhobes". Particularly strong is the opposition against the Euro. The two major parties are divided on the subject. While the Labour Party supports the idea of joining the single currency, it also makes it quite clear that Britain will only introduce the Euro if this step is considered to be in Britain's economic interest. The Conservatives are against the single currency because they consider the economic risks of joining the Euro zone too great. Business in the UK is mainly for the Euro. A lot of firms export their goods to Euro zone countries. With different currencies these firms run a currency risk which they hope to avoid by becoming a member of the Euro zone.

Aufgabe 2

Tony Blair: "Speech in Warsaw". The Guardian. The May 30, 2003.
Why does Blair consider the question "what good has come out of Europe in the last 50 years?" bizarre?
Comment on the challenges the EU faces today.

[...] "It is asked by British Eurosceptics, what good has come out of Europe in the last 50 years? The question is bizarre and the answer is overwhelming – peace and prosperity. After centuries of wars in which millions died, Europe is at peace; and within the European Union there is now the largest economic single market in the world, with the living standards of people in Europe dramatically transformed for the better. Part of the impulse for the development of Europe has undoubtedly come from its unique and chequered history; and from a profound determination, after the carnage of two world wars, to build a different and better future.

But today an increasing part of this impulse comes from a recognition of the nature of the changing world around us. It is the reason why Europe has not only to continue to develop; but also to change itself. For its first half century, Europe was essentially introspective and obviously so, as it created the new institutions and the economic integration to give effect to the vision of a Europe at peace. But now it is confronting a much greater and broader challenge that has to turn it outward: the challenge of globalization. Everywhere, every nation, every region, is finding its economy, security, even culture turned upside down by globalization. The security challenge for Europe is external. The economic challenge is no longer within Europe but in competition with the other economies of the world, developed and developing. Mass communication and radical innovation in technology makes the pace of change fast, furious, exhilarating and intimidating.

The USA is today the world's only superpower. But the sheer size and, increasingly, the economic strength of China and India will make them formidable powers, as will the natural resources and geography of Russia.

Europe's preoccupation can therefore no longer be solely within Europe but must be about Europe's place in the world. And the reasons for European union are reasons no longer simply to do with putting peace in place of conflict, but to do with the vital national and strategic interests of the countries that make up Europe, in facing the new challenges – economic or political – of the outside world. The purpose of the European Union is to give us, the individual nations that form it, greater economic and political strength. For the 19th Century and part of the 20th Century Europe was the point where most of the world's vital decisions were taken. Today at best we share that role. My passionate belief in Europe is not born of any diminishing of my belief in Britain. On the contrary, I believe in Europe because I believe membership of the European strategic alliance is a crucial part of the British national interest. Anti-Europeanism is not British patriotism. It is an out of date delusion. [...]

8.3 Empire and Commonwealth

Typische Aufgabenstellungen

- In what way does the ethnic composition of the UK reflect Britain's past as a colonial power?
- Describe how the Commonwealth links Britain's past and present.
- What is the importance of the Commonwealth today?
- Write a newspaper article describing the benefits of the Commonwealth for Britain and the other member states.

From Empire to Commonwealth

In the late 19th century Queen Victoria could claim, "the sun never sets" on her **empire.** At its height in the 1920s, the British Empire covered about a sixth of the landmass of the earth and 400–500 million people lived under British rule.

After World War I, Britain's Empire dissolved as one colony after the other became independent. However, this did not mean the end of Britain's relationship with her former colonies. Today, Britain and most of her former colonies are members of the **Commonwealth,** a voluntary association of independent states.

The first British Empire

The beginnings of the empire date back to the 16th century when British seafarers like Sir Francis Drake put to sea to seek immediate profits.

In the 17th century Britain concentrated on the Americas, setting up colonies in North America and the Caribbean. The 18th century saw the settlement of Australia, which started out as a penal colony in 1788.

The second British Empire

In the 18th century British expansion shifted from the Americas to Asia and Africa. Britain took possession of India – Queen Victoria was proclaimed Empress of India in 1876 –, Ceylon, Burma, Malaysia and Hong Kong. The late 19th century saw Britain and other European nations in the "scramble for Africa". Competing with countries like France and Germany, Britain became the most successful colonial power in Africa: it held control over South Africa, Egypt, Nigeria and other African colonies, comprising almost 30 % of Africa's total population.

Decolonisation

The end of World War II also signalled the end of the Empire. Britain had to concentrate on its domestic problems after World War II while at the same time anti-colonial nationalist movements challenged British rule in most of its colonies. First India, then other territories in Asia and Africa demanded – and finally got – independence from Britain. This process marked the Empire's transformation into today's Commonwealth.

Wissen The Commonwealth

The Commonwealth is a loose confederation of independent nations, most of them former members of the British Empire. There are 53 countries in the Commonwealth with a total population of around 1.5 billion people. Queen Elizabeth II is (symbolic) Head of the Commonwealth; she is also head of state in 16 countries.

Today's Commonwealth is the result of new nations emerging after World War II, but its origins go back to British colonial policy. As early as in the 1840s self-government was introduced in Canada, which later in the century became Britain's first **Dominion.**

Australia, New Zealand and South Africa followed in the early years of the 20th century. In India, 1947 is the year of independence: the British finally withdrew as a result of the passive resistance put up by the supporters of Mahatma Gandhi. Other nations followed, and the end of the British Empire saw the emergence not only of the Commonwealth, but also of a **post-colonial world** with problems of its own. The fight for national liberation in the second half of the 20th century has changed the political maps of Asia and Africa.

Wissen **Political aims of the Commonwealth**

The **political aims** of the Commonwealth were put down in the "Harare Declaration" of 1991. Member states are expected to

- promote democracy, the rule of law, good government and human rights,
- promote the equality of women,
- provide universal access to education,
- promote economic development and ease poverty,
- take action against disease and illegal drugs,
- support world peace and the United Nations.

The **Commonwealth Secretariat** in London coordinates the international cooperation of the member states and prepares the regular meetings of the head of states of the Commonwealth countries.

Language is also an important factor. Because of their colonial background and their shared histories with Great Britain, English is still the first or official language in most Commonwealth states.

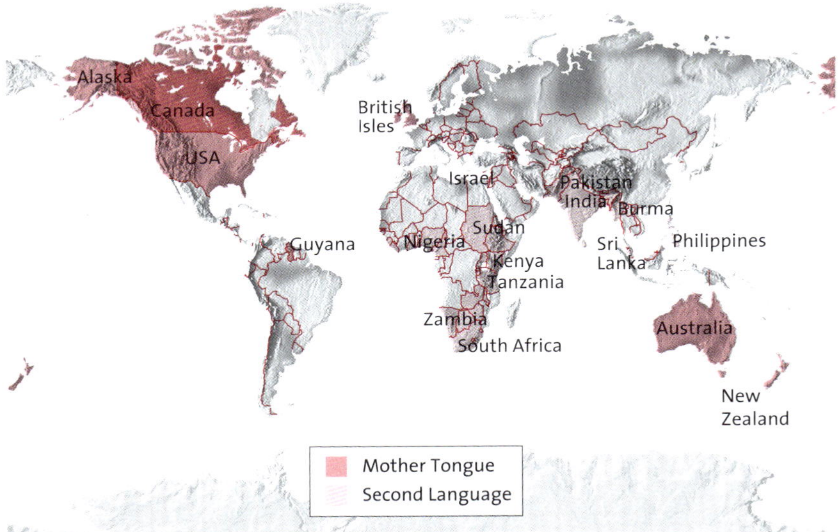

Immigration and ethnicity

In 2001 the majority of the UK population (almost 60 million) were white (92 %). The remaining 4.6 million (almost 8 %) people belonged to other ethnic groups, for example Chinese, Asian or black British. Indians made up the largest of these groups, followed by Pakistanis and those of mixed ethnic backgrounds – black Caribbeans, black Africans and Bangladeshis.

Between 1991 and 2001, the number of people who came from an ethnic group other than white grew by 53 %. Between 1951 and 2001, the percentage of people born overseas doubled from a little over 4 % to almost 8 %.

This development clearly reflects the fact that Britain still has very close ties with her former colonies. The great majority of immigrants come from **Commonwealth countries.**

8.4
Britain – A Multicultural Society

Typische Aufgabenstellungen

- Where do the majority of immigrants come from?
- How can one experience that Britain is indeed a pluralistic and multicultural society?
- What are possible reasons for racial conflicts in Britain?

Wissen **Multiculturalism – cultural pluralism**

These terms are often used to describe societies where a wide range of different cultural or ethnic groups live together. In most multicultural societies this is a result of immigration. The terms can also be used to describe government policy: the basic idea is that different groups within society should keep their cultures and identities and interact peacefully with one another.

That Britain is indeed multicultural can be experienced in many places. Most non-white ethnic groups concentrate in certain areas. London is the most popular: 45 % live in London where they make up almost a third of all London residents. Birmingham, Manchester and Liverpool are other cities where one finds large numbers of immigrants. It's in these – and other cities – that the impact of the various cultural and ethnic groups is most obvious: Indian and Pakistani restaurants and take-aways, black people from the Caribbean and Africa, music from Jamaica, the Notting Hill Carnival, islamic mosques.

But there are also places where the presence of immigrants is hardly felt. Areas like Scotland and Wales have only very small percentages of immigrant population.

The graph shows that around half of the non-white population are Asians of Indian, Pakistani, Bangladeshi or other Asian origins.
This reflects Britain's history: the majority of immigrants come from

Commonwealth countries and virtually all of them have British citizenship.

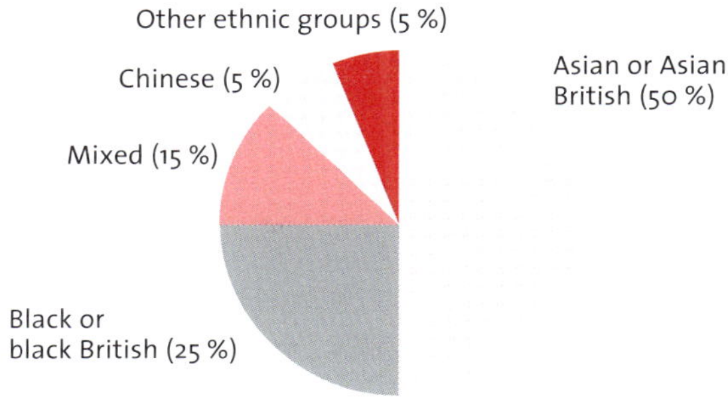

Racial conflicts

Although ethnic minorities in Britain are probably better integrated into society than ethnic minorities in other European countries, there are occasional racial conflicts in Britain that sometimes take the form of rioting and urban disorder.

Wissen **Summer of Violence**

The **"Summer of Violence"** in 2001 showed that there is still some division in Britain's communities. Severe race riots broke out in Bradford and other cities. Reports into the riots suggested that people in Britain were leading "parallel" and "polarized" lives where people from different ethnic backgrounds did not mix. The same reports have urged the government to bring together Britain's "shockingly" divided communities.The terrorist attacks on London in July 2005 showed that there is a lot of social tension.

Aufgabe 3

Robin Cook (former foreign secretary): "Speech to the Social Market Foundation in London". The Guardian. April 19, 2001.
Why, according to Robin Cook, is legitimate immigration necessary for Britain?
Discuss the possible benefits and problems of a multicultural society.

[...] The first element in the debate about the future of Britishness is the changing ethnic composition of the British people themselves. The British are not a race, but a gathering of countless different races and communities, the vast majority of which were not indigenous to these islands.

In the pre-industrial era, when transport and communications were often easier by sea than by land, Britain was unusually open to external influence; first through foreign invasion, then, after Britain achieved naval supremacy, through commerce and imperial expansion. It is not their purity that makes the British unique, but the sheer pluralism of their ancestry. [...]

The idea that Britain was a "pure" Anglo-Saxon society before the arrival of communities from the Caribbean, Asia and Africa is fantasy. But if this view of British identity is false to our past, it is false to our future, too. The global era has produced population movements of a breadth and richness without parallel in history.

This pluralism is not a burden we must reluctantly accept. It is an immense asset that contributes to the cultural and economic vitality of our nation.

Legitimate immigration is the necessary and unavoidable result of economic success, which generates a demand for labour faster than can be met by the birthrate of a modern developed country. Every country needs firm but fair immigration laws. There is no more evil business than trafficking in human beings and nothing corrodes social cohesion worse than a furtive underground of illegal migrants beyond legal protection against exploitation. But we must also create an open and inclusive society that welcomes incomers for their contribution to our growth and prosperity. [...]

Our cultural diversity is one of the reasons why Britain continues to be the preferred location for multinational companies setting up in Europe. The national airline of a major European country has recently relocated its booking operation to London precisely because of the linguistic variety of the staff whom it can recruit here.

And it isn't just our economy that has been enriched by the arrival of new communities. Our lifestyles and cultural horizons have also been broadened in the process. This point is perhaps more readily understood by young Britons, who are more open to new influences and more likely to have been educated in a multi-ethnic environment. [...]

The modern notion of national identity cannot be based on race and ethnicity, but must be based on shared ideals and aspirations. Some of the most successful countries in the modern world, such as the United States and Canada, are immigrant societies. Their experience shows how cultural diversity, allied to a shared concept of equal citizenship, can be a source of enormous strength. We should draw inspiration from their experience. [...]

We should be proud that those British values have made Britain a successful multi-ethnic society. We should welcome that pluralism as a unique asset for Britain in a modern world where our prosperity, our security and our influence depend on the health of our relations with other peoples around the globe.

Tolerance is important, but it is not enough. We should celebrate the enormous contribution of the many communities in Britain to strengthening our economy, to supporting our public services, and to enriching our culture and cuisine. And we should recognise that its diversity is part of the reason why Britain is a great place to live.

8.5 The United States – Political System

Typische Aufgabenstellungen

- What is the constitutional role of the President?
- How does the system of checks and balances work?
- In what way are political parties in the U.S. different from political parties in Britain?

Wissen | **Characteristics of the US system of government**

It is a **federal** system (federal government and state governments), a **presidential** system (the President has a dominant political position) and a system of **checks and balances** (division of political powers).

Federal republic

The government of the United States is a federal republic of 50 states, a few territories and some protectorates. The federal government is in Washington, D.C.

Presidential system

In a presidential system the president is elected separately from the legislative (Congress). Apart from being **head of state** and **head of government** (administration) the American President is also the **commander-in-chief** of the armed forces.

Branches of government

There are three branches of government: the **executive** branch (President, cabinet), the **legislative** branch (Congress consisting of the House of Representatives and the Senate) and the **judicial** branch (Supreme Court).

Checks and balances

Through an effective system of checks and balances the US constitution makes sure that no single branch of government holds total power and each branch can be overridden by another. The powers of the presidency are undoubtedly great, but they are not unlimited. The Senate must approve most actions by the President. The President is free to choose the secretaries for his Cabinet, but the Senate must approve them. The President has no way to introduce bills (laws) in Congress and has no "built-in" majority in either the House of Representatives or the Senate. However, he has the right to veto any bill passed by Congress, which then can only become law if two-thirds of the members of both houses vote in favour of it.

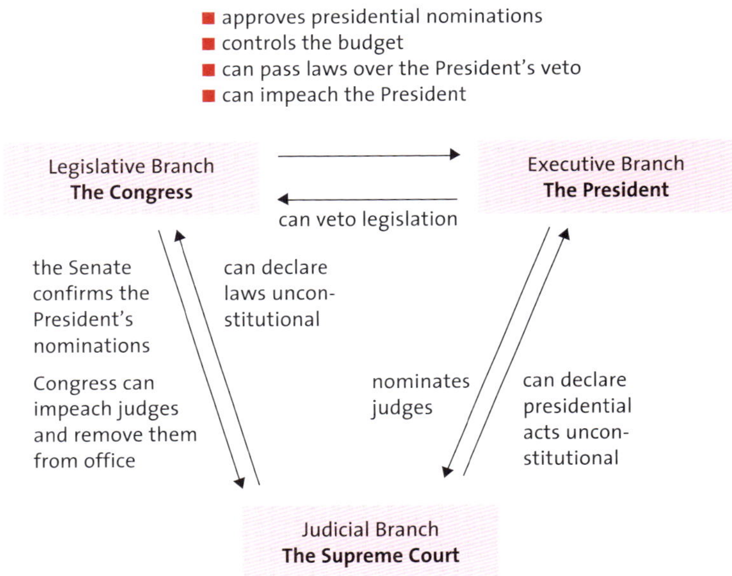

Elections

The President is elected to a four-year term and can only be re-elected once. The members of the House of Representatives are elected for a two-year term and they each represent a district in their home state. The number of Representatives from each state depends of the size of the population of the states: bigger states get more Representatives. The Senate consists of two Senators from each state. They are elected for a six-year term.

Presidential elections start with so called primaries or caucuses whose aim it is to pick the presidential candidate most likely to succeed. In the summer of the election year the two big parties then nominate their candidates.

Parties

There are only two major parties in the US: the **Republican Party** and the **Democratic Party.** They are both "catch all" parties with a broad support base among the population. The real political differences between the parties are often slim. Their role in politics lie mainly in organizing support for their respective presidential candidates, especially before the presidential elections. Representatives and Senators are fairly independent from their parties and rely more on the voters in their electoral districts.

8.6 America and the World

Typische Aufgabenstellungen

- Give examples for isolationism and interventionism from American history.
- Why can the war in Vietnam be considered to be the American trauma of the 20th century?
- Explain how "9/11" changed American foreign policy?

The United States' role in international politics has often been governed by one of two attitudes: isolationism and involvement. For most of the 19th century the US kept out of international politics, which at the time meant mainly European politics. It was only during World War I that the United States gave up its traditional position of isolation and neutrality. But even then it reverted back to neutrality after the end of World War I for another couple of years. It was only in the context of World War II that the US got permanently involved in international politics.

The US and the Second World War
Although reluctant at first the US finally decided to join the war against Nazi-Germany in Europe in 1941, helped by Japan's attack on Pearl Harbor and Germany's declaration of war on the United States. The fact that the US entered World War II in Europe was the decisive factor in bringing down fascism.

The results of World War II changed the political map of the world: Germany was defeated, other European nations like Britain and France lost their status as world powers and the Soviet Union got a hold on Eastern Europe. Unlike after World War I the US decided to stay in Europe for good.

The Cold War
The new world order that emerged after World War II was a bipolar one. It was dominated by two superpowers – the Soviet Union and the United States, – which both tried to expand their spheres of influence and possessed huge amounts of nuclear arms. The competing interests of the two vastly different systems soon led to confrontation and the "cold war", the arms race and almost to the "hot war" as in the Cuban Missile Crisis of 1962.

Wissen **Vietnam**

In the early 1960's the US got involved in Vietnam to fight the Soviet Union's growing influence in South East Asia. What was meant to be a very reduced military involvement at first turned into an outright war lasting almost a decade. It was the war the US couldn't win. Nearly 60,000 American soldiers were killed in Vietnam. In 1973, the US withdrew its troops. Vietnam turned out to be the American trauma of the 20th century.

After the collapse of the Soviet Union
When the east-west-conflict came to its surprising end with the downfall of the Soviet Union in 1991, the US suddenly found itself in the position of being the only world superpower. It played an active role in the international conflicts that followed the end of the Soviet Union and the end of the bipolar world. At that time, it looked as if the United States was prepared to act in accord with its European and other partners.

The US is likely to play this role for the foreseeable future. This is not necessarily its choice. As long as a stable new world order does not emerge, the US is left in the position of the world's strongest power. Whether it will continue to act on its own or in cooperation with its partners remains to be seen.

Wissen **Nine-Eleven**

The terrorist attacks on the World Trade Centre on September 11th, 2001 changed US foreign policy. More than before the US acted on its own. This became obvious when President Bush decided to attack Afghanistan in 2001 and Iraq in 2003 as part of his **"War on Terrorism"**.

Aufgabe 4

Tariq Ali: "The War Is Already Lost". The Guardian, December 20, 2006. Why, according to the author, has the war in Iraq already been lost? Comment on the author's opinion that the occupation of Iraq is a disaster.

„Once a war goes badly wrong and its justifications are shown to be lies, to insist that a "democratic" Iraq is visible on the horizon and that "we must stay the course" becomes a total fantasy. What is to be done?

In the US a group of Foggy Bottom elders was wheeled in to prepare a report. This admitted what the whole world (Downing Street excepted) already knew: the occupation is a disaster and the situation gets more hellish every day. After US citizens voted accordingly in the mid-term elections, the White House sacrificed the Pentagon warlord, Donald Rumsfeld. [...]

Meanwhile the old men in Washington recognise the scale of the disaster. Their descriptions are strong, their prescriptions weak and pathetic: "We agree with the goal of US policy in Iraq, as stated by the president: an Iraq that can govern itself, sustain itself and defend itself." Elsewhere they recommend a deal with Tehran and Damascus to preserve post-withdrawal stability, implying that Baghdad can never be independent again. It was left to a military realist, Lieutenant-General William Odom, to demand a complete withdrawal in the next few months, a view backed by Iraqis (Shia and Sunni) in successive polls. The occupation, Kofi Annan informs us, has created a much worse situation than under Saddam.

How different it was in the heady days that followed the capture of Baghdad. Two lines of argument emerged in the victorious camp. The Pentagon wanted a quick deal with Saddam's generals to establish a new regime so that US and subsidiary troops could withdraw to bases in northern Iraq and Kuwait to police the outcome. The state department and its Downing Street auxiliary wanted the ruthless application of "hard power" and a long occupation to establish a new Iraq as a model of US "soft power" for the entire region.

This was never a serious option. It is the unconditional US support for Israel that precludes any possibility of soft power in Iraq or elsewhere. Using Fatah to promote civil conflict in Palestine is unlikely to improve matters. Even the most pro-US Arab regimes in the region – Saudi Arabia, Egypt, Jordan and the Gulf states, which do Washington's bidding – permit virulent denunciations of western policies in the media to keep their own citizens at bay.

None of the scenarios being canvassed in Washington, including by the Democrats, envisage a total US withdrawal. That is a defeat too unbearable to contemplate, but the war has already been lost, together with half a million Iraqi lives. Trying to delay the defeat (as in Vietnam) by sending in a "surge" of troops is unlikely to work.

The British parliament, even more supine than its US equivalent, voted against any official inquiry (not even a Hutton) on British involvement in the war, when they knew that a majority in the country was opposed to a continuation of this conflict. Blair's ideological zealotry has helped destroy Iraq, revive the Taliban in Afghanistan, increase the threat of terror in Britain and introduce repressive laws that were not enforced even in the second world war. His own wretched party and the opposition have acquiesced in these repellent measures. Time for a regime change at home.

8.7
The American Dream

Typische Aufgabenstellungen

- Describe the essence of the American dream.
- Is it justified to say that the American dream has become true for most people living in the US?
- The American dream – is it a myth or has it become reality? Give your personal opinion.

Wissen **The American dream**

"Work hard and you will achieve prosperity" – this is the essence of the American dream. It is influenced by the Protestant work ethic, which believes that it pleases God if people work hard and make money. The idea of the American dream puts responsibility squarely on each individual's shoulders: it's up to you if you are successful in life; it's your own fault if you don't make it.

The **American dream** is both myth and reality. For many, the old cliché "from dishwasher to millionaire" still holds a promise and for a few, still holds some truth. American success stories like the one about the young weight lifter who came to the US in the late 1960s with little else but his will to succeed and became a movie star and a national political figure still happen. However, there is also the dark side of the American dream: for every individual or group that "makes" the American dream, there are thousands of others that don't.

Two sides of the American dream

In the early 1960s, two leaders of the black movement expressed their views of the American dream. In his famous Washington speech **Martin Luther King** quoted from the Declaration of Independence and said: "I still have a dream. It is a dream deeply rooted in the American dream. I have a dream that one day this nation will rise up and live out the true meaning of its creed: 'We hold these truths to be self-evident, that all men are created equal.'"

The **civil rights movement** – King was its most prominent leader – tried to achieve the blacks' share of the American dream through equal rights and better opportunities for Afro-Americans. In this, the civil rights movement succeeded to a large degree. Forty years later, the social standing of many blacks has greatly been improved. There is now a considerable black middle class.

At about the same time as M. L. King another, more radical black leader, **Malcolm X,** also expressed his views of the American dream:

"I see America through the eyes of a victim. I don't see any American dream. I see an American nightmare."

Even today this is true for a large number of blacks. Afro-Americans are still worst hit by poverty. Almost a quarter of them are considered to be poor. Many of them live in urban ghettos with high crime rates, bad schools and broken families.

Wissen Poverty in the United States

About 33 million people were considered to be poor in the United States in 2001 – almost 12 % of the total population. These were the poverty rates among some of the ethnic minorities: blacks (22.7 %), Hispanics (21.4 %), Asian and Pacific Islanders (10.2 %). As far as America's regions are concerned the South had the highest poverty rate (13.5 %). Among people living inside central cities the poverty rate was 16.5 % while it was 14.5 % among people living outside metropolitan areas. Families with a female householder and no husband present were worst hit, with a poverty rate of 26.4 %.

Criticism of the American dream

The concept of the American dream has been criticised a lot; the main criticism being that it is misleading. These critics believe that there are many reasons why it is impossible for each and every individual to be "successful" in life through determination and hard work. This criticism has been very much a part of American popular culture. Arthur Miller's play "Death of a Salesman" and the film "Easy Rider" are two well-known examples.

8.8 The United States – Melting Pot or Salad Bowl?

Typische Aufgabenstellungen

- Explain the concepts of "melting pot" and "salad bowl".
- Explain why some immigrant groups assimilated well into American society while others tended to stick to their national and / or ethnic identities.
- "Immigrants to the US should assimilate as quickly as possible". Comment on this statement.

Wissen Melting pot

The term "melting pot" is a metaphor: people from different cultural backgrounds are thrown into a pot (America) and processed in it; as a result all assume a new identity as Americans. It stands for the idea that newcomers to a country assimilate, i. e. give up most of their original cultural identity and assume the cultural identity of their new home country. The term is sometimes used to describe the concept that in the United States "individuals of all nations are melted into a new race of men".

Historically one can argue that the "older" groups of immigrants that came to the United States in the 19th and early 20th century were mainly of the melting pot type. Between 1820 and 1960, a total of 42 million people immigrated; 34 million were from Europe. **Immigrants from Europe** – Irish, Italian, German, Scandinavian and others – were assimilated into American society without completely losing their cultural roots. There still are strong communities of Irish-Americans or Italian-Americans today. But the "Irish" or "Italian" only shows where they originally come from; there is no doubt that these groups would primarily define themselves as American.

With "newer" groups of immigrants that immigrated in the second part of the 20th century, things are different. Coming mainly from **Asia and Latin America,** these immigrants assimilated far less easily into American society. The majority of them kept strong cultural ties with their countries of origin, especially the language. In some parts of the American South, Spanish is now spoken as a second language in many schools, radio and TV stations. These immigrants are part of America's **multicultural** salad bowl.

Wissen Salad bowl

The term "salad bowl" is also a metaphor: people from different cultural backgrounds are thrown into a salad bowl; although they become part of a new entity / product they do not mix but keep most of their original flavours / identities. This means that newcomers to a country do not assimilate, but keep their original cultural identity. The term is sometimes used to describe the reality of multiculturalism in the United States.

In 2004, a total of roughly 34 million people in the USA were foreign-born. Of these, almost 5 million were born in Europe, close to 9 million in Asia, over 18 million in Latin America and 2.5 million were born in other areas of the world. This clearly shows recent trends of immigration to the US: the majority of immigrants – many of them so-called illegal aliens – come from Latin America, especially **Mexico.**

Percent foreign born by region of birth 1900

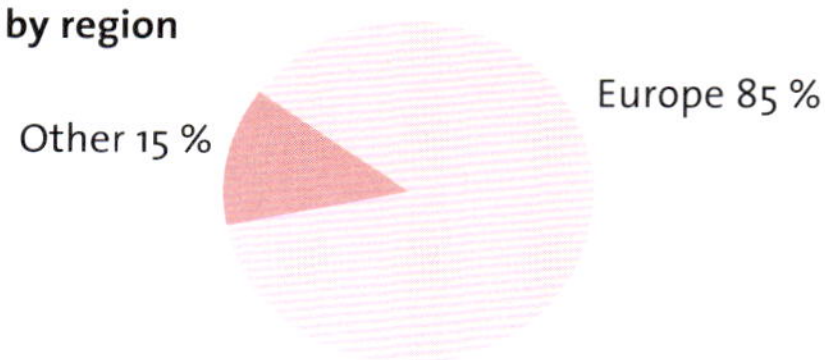

Percent foreign born by region of birth 1990

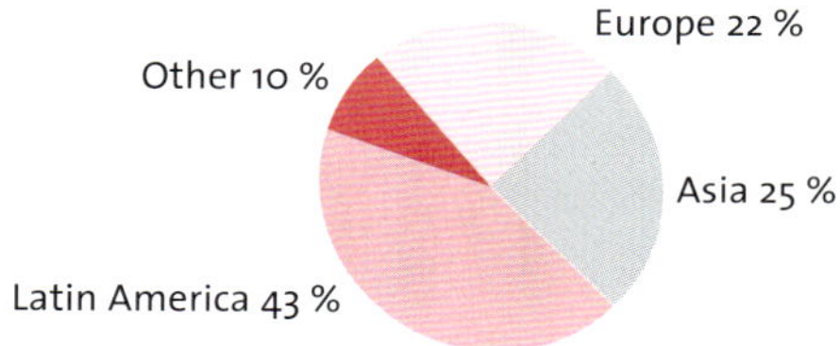

Aufgabe 5

Bill Clinton: "Speech on Race in America". June 14, 1997.
What are the problems relating to race relations President Clinton mentions?
According to Clinton, what must be done to overcome these problems?

[...] Can we fulfill the promise of America by embracing all our citizens of all races, not just at a university, where people have the benefit of enlightened teachers and the time to think and grow and get to know each other, but in the daily life of every American community? In short, can we become one America in the 21st century? [...]

Within the next three years here in California, no single race or ethnic group will make up a majority of the state's population. Already five of our largest school districts draw students from over 100 different racial and ethnic groups. At this campus, 12 Nobel Prize winners have taught or studied from nine different countries. A half-century from now, when your own grandchildren are in college, there will be no majority race in America. [...]

Consider this: We were born with the Declaration of Independence, which asserted that we were all created equal, and a Constitution that enshrined slavery. We fought a bloody civil war to abolish slavery and preserve the union, but we remained a house divided and unequal by law for another century. We advanced across the continent in the name of freedom, yet in so doing we pushed Native Americans off their land, often crushing their culture and their livelihood. Our Statue of Liberty welcomes poor, tired, huddled masses of immigrants to our borders, but each new wave has felt the sting of discrimination. [...]

Though minorities have more opportunities than ever today, we still see evidence of bigotry from the desecration of houses of worship, whether they be churches, synagogues or mosques, to demeaning talk in corporate suites. [...]

To be sure, there is old, unfinished business between black and white Americans. But the classic American dilemma has now become many dilemmas of race and ethnicity. We see it in the tension between black and Hispanic customers and their Korean or Arab grocers; and a resurgent anti-Semitism, even on some college campuses; and a hostility toward new immigrants from Asia to the Middle East to the former communist countries to Latin America and the Caribbean; even those whose hard work and strong families have brought them success in the American way. […]

What is it that we must do? […]

First, we must continue to expand opportunity. Full participation in our strong and growing economy is the best antidote to envy, despair and racism. We must press forward to move millions more from poverty and welfare to work, to bring the spark of enterprise to inner cities, to redouble our efforts to reach those rural communities prosperity has passed by. And most important of all, we simply must give our young people the finest education in the world. […]

Our third imperative is perhaps the most difficult of all. We must build one American community based on respect for one another and our shared values. We must begin with a candid conversation on the state of race relations today and the implications of Americans of so many different races living and working together as we approach a new century. We must be honest with each other. We have talked at each other and about each other for a long time. It's high time we all began talking with each other. […]

For two centuries, wave upon wave of immigrants have come to our shores to build a new life, drawn by the promise of freedom and a fair chance. Whatever else they've found, even bigotry and violence, most of them never gave up on America. Even African-Americans, the first of whom were brought here in chains, never gave up on America.

It is up to you to prove that their abiding faith was well-placed. Living in islands of isolation, some splendid and some sordid, is not the American way. Basing our self-esteem on the ability to look down on others is not the American way. Being satisfied that we have what we want and heedless of others who don't even have what they need and deserve is not the American way.

We have torn down the barriers in our laws. Now we must break down the barriers in our lives, our minds and our hearts. More than 30 years ago, at the high tide of the civil rights movement, the Kerner Commission said we were becoming two Americas, one white, one black, separate and unequal. Today we face a different choice. Will we become not two, but many Americas, separate, unequal and isolated? Or will we draw strength from all our people and our ancient faith in equality and human dignity, to become the world's first truly multiracial democracy? That is the unfinished work of our times, to lift the burden of race and redeem the promise of America. […]

8.9 Ireland – From Emerald Isle to Celtic Tiger

Typische Aufgabenstellungen

- Modern Ireland is often called "The Celtic Tiger". Explain the meaning of that term.
- Within a few decades Ireland has changed from one of the poorest countries in Europe to one of the wealthiest. Which developments have made this change possible?
- Describe the consequences of Ireland's "economic miracle".

For centuries Ireland had been one of Europe's poorest countries. Until fairly recently this was still true. To many people, Ireland was a romantic place of great scenic beauty – The Emerald or Green Isle –, with world-famous artists like James Joyce. There was a long history of being conquered by foreigners and a somewhat shorter history of mostly unsuccessful rebellions against its conquerors. To others, Ireland was a place where a civil war with strong religious overtones took place. Since the late 1960s – "The Troubles" were all over the news.

"The Troubles" in Northern Ireland

The conflict in Northern Ireland – often referred to simply as "The Troubles" – is an old one. For 30 years, from its beginnings in 1968 to the **Belfast Agreement in 1998,** it has dominated the lives of the people of Northern Ireland as well as British and Irish politics and has cost thousands of lives.

There are many misconceptions about this conflict, mainly about it being a religious conflict. Although religion certainly plays an important part in the conflict, it is **not a conflict about religion.** The roots of the conflict go way back in Ireland's troubled history and have a lot to do with the fact that Ireland was Britain's first colony. The conflict is also about migration, settlement and "ethnic cleansing". And last but not least, it's a **social conflict** about discrimination, inequality and civil rights.

The Peace Process

The Belfast Agreement of April 1998 – often referred to as the Good Friday Agreement – marks the beginning of a difficult and lasting effort to end violence in Northern Ireland and find a permanent political solution for the province.

Wissen **The Good Friday Agreement**

A key element of the Good Friday Agreement is the devolution of the central government power in Northern Ireland to a Northern Ireland Assembly, a regional parliament, and the formation of a Northern Ireland Executive, a regional government. The concept of power sharing is central to both the Assembly and the Executive, i. e. representatives from both communities must be part of both institutions.

The first Executive started work in early 1999, but in October 2002 the British government suspended the Northern Ireland Assembly and brought back direct rule because of unresolved conflicts over **weapons decommissioning** – i. e. the surrender of arms by both loyalist and republican paramilitary groups – one of the major stumbling blocks in the peace process. These conflicts have now been brought to an end.

Since the Agreement all parties involved in the conflict – i. e. The British and Irish governments as well as nationalist and loyalist organizations – have tried hard to stop all violence and find a workable compromise that is acceptable to the "two communities" in Northern Ireland.

Wissen **Power sharing**

In 2005, the IRA declared an end to its armed struggle and started giving up its arms. This opened the way for a new power-sharing executive for Northern Ireland. In early March 2007, elections for the Northern Ireland Assembly at Stormont were held and resulted in a victory for the two major parties: the Democratic Unionist Party (DUP; protestant) and Sinn Féin (nationalist). At the same time the British government set a deadline: by the end of March an agreement had to be found among the two parties to set up a power-sharing executive (government) in Northern Ireland. The two parties just managed to meet that deadline. The new executive came into effect in May 2007 under the leadership of Ian Paisley (DUP) and Gerry Adams (Sinn Féin).

The peace process in Northern Ireland took nine long years. Despite this, the situation in Northern Ireland shows that it is possible to stop sectarian violence even after 30 years of bloodshed and that political solutions are possible.

Ireland since the 1990s

Ireland's image in the world started to change with breathtaking speed in the early 1990s. Ireland experienced its **economic miracle** and the country was transformed. Today, Ireland is **one of the wealthiest countries in Europe;** per capita income in the Republic of Ireland is now higher than in Germany. In Northern Ireland "The Troubles" slowly came to an end, further improving Ireland's image in the world.

Wissen **Celtic Tiger**

The term "The Celtic Tiger" (which is used for both the period of time and the country during that period) was coined in the 1990s, to describe the rapid economic growth of the Republic of Ireland between the early 1990s and 2002. It is an analogy to the term "tiger states" or "little tigers" which was used to describe countries in South East Asia like South Korea or Singapore during their period of rapid growth in the 1980s.

Among the **consequences** of the "Celtic Tiger" years are:

- **Economic progress:** Incomes are up considerably while unemployment is at a very low level. The national infrastructure is constantly improved. This is especially true for roads and public transport.
- **Social change:** While Ireland has traditionally been a country of emigrants this trend has been reversed. There are now more people immigrating to the country than leaving it. Ireland is becoming more urbanized; more and more people are leaving the rural areas for the bigger cities. The importance of religion in Ireland has been reduced.

Ireland is becoming a more secular country. Divorce is now possible, homosexuality has been legalized, the country has had two women presidents in succession and lifestyles have become very similar to the rest of Europe.
- **Cultural change:** The Irish music scene is no longer dominated by traditional groups like "The Dubliners" but by internationally successful groups like "The Cranberries" or "U2". "U2"'s lead singer Bono has even been an (unofficial) candidate for the post of president of the World Bank and has regular meetings with important world leaders.

Among the **causes** for Irelands **economic miracle** are:
- the country's membership of the European Union since 1973, which gave Ireland access to European markets, in addition to EU subsidies,
- low wages, a well-educated, English-speaking labour force, low taxes and a system of government grants which made it attractive for high profile companies like Intel, Dell or Microsoft to locate in Ireland,
- the Belfast Agreement that brought growing stability to Northern Ireland and signaled a likely end to "The Troubles".

Economic aspects of modern Ireland

Ireland's economy has long been dominated by agriculture, but this is a thing of the past. **Industry** is the most important sector now, contributing 46 % to the Gross Domestic Product (GDP), almost 80 % to exports and employing close to 30 % of the labour force. Industry in Ireland is largely made up of well-known **international firms,** a lot of them operating in the **high-tech** sector. Ireland is the world's largest exporter of software and is also home to many producers of computers and computer equipment. A quarter of Europe's computers are made in Ireland by firms like Dell and IBM. One of Intel's largest and most advanced **fabs** (= Chipfabriken) is located just outside Dublin.

The tertiary sector provides most of the input for economic growth. Apart from **tourism,** which has a long tradition in Ireland, it is call centres, service operations and finance that dominate this sector. Both Apple and IBM located their European customer service operations in Ireland due to the availability of a young, well educated, English speaking workforce and a good communications infrastructure. Many people calling a service hotline in Europe or the US are in fact put through to a call centre in Ireland.

Ireland is no longer one of Europe's poorhouses. It has joined Europe's highly developed countries on equal terms.

8.10 Globalization

Typische Aufgabenstellungen

- Show how globalization affects our daily lives.
- Globalization has a particularly strong influence on youth culture. Show why this is so.
- Discuss the pros and cons of globalization.
- Write a letter to a friend who is a critic of globalization. Try and convince him / her of the benefits of globalization.

The importance of globalization

The effects of globalization are all around us. Communication has never been easier: the internet makes it possible to access information on a world-wide basis and communicate in real-time with people all over the world. In a way, geographical distance has become meaningless. Mobile communication is spreading almost everywhere.

Consumers all over the industrialised world find a similar supply of goods. International brands and multinational corporations like McDonalds, Microsoft, Nestle or Nike are found on every highstreet. What we eat and what we wear are products of globalization.

Cultural differences do not vanish completely, but a new globalized cultural identity is emerging. This is most evident among the younger generation. Music, films and TV play an important part here. Lifestyles converge; young people in Germany live similar lives to young people living thousands of miles away.

In many ways the idea of the world as a "global village" or a "world society" has become reality.

Wissen **Globalization**

Globalization can be defined as a "comprehensive term for the emergence of a global society in which economic, political, environmental, and cultural events in one part of the world quickly come to have significance for people in other parts of the world". Globalization is seen as "the result of advances in communication, transportation and information technologies."

What are the reasons for globalization?

The following developments can be considered to have brought about globalization as we know it today:

- **Technology:** The advances in communication – especially the emergence of the internet since the early 1990s – have brought about many changes. It is now quite possible for many firms to produce a product in many geographically distant places. Without the internet transnational production would hardly be possible. The same is true for international finance markets where modern communication makes it possible to transfer huge sums within seconds.
- **Transport:** The speed of transport has increased tremendously over the past decades, while the costs are only a fraction of what they used to be. These factors also contribute to an ever more globalized economy. The world is about to become both one big market place and one big factory; where something is produced and where something is sold, is no longer as important as it used to be.
- **The end of the Cold War:** The downfall of the Soviet Union and the consequent end of the east-west conflict opened up large parts of the world that were previously (almost) inaccessible for "western" industry and commerce. This led to a huge increase in worldwide trade and production.
- **Deregulation of the world economy:** The victory of "capitalism" over "socialism" at the beginning of the 1990s resulted in a "liberal" economy with open markets and free trade.

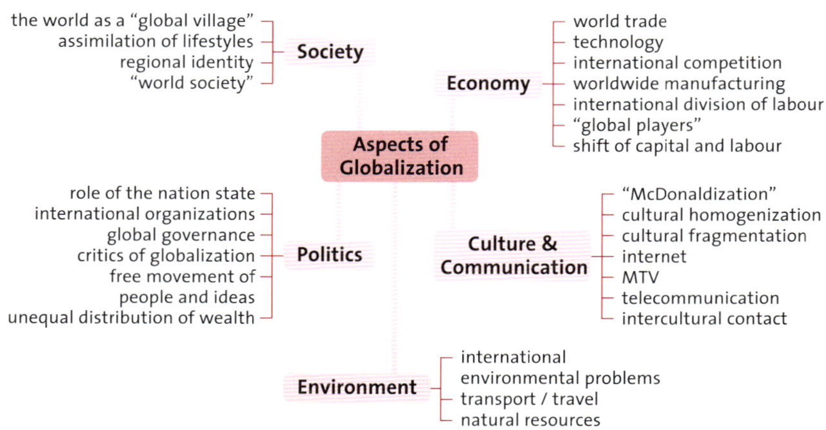

Economic aspects of globalization

Globalization is far from being just an economic phenomenon. However, it is probably in the area of economics where the effects of globalization are most felt.

There has been a tremendous increase in world trade; more and more countries are part of that trade. Worldwide manufacturing is another trend in globalization; it is not unusual for a single product to be produced in many places. A big brand electric toothbrush for example is designed, manufactured, packed and assembled in ten different countries before it is sold to the consumer. This is made possible by the very low cost of transport and the fact that particular countries are chosen for their role in the production process: Labour-intensive parts of the production will go to countries with low wages, while the design will take place in another suitable country.

In this new form of international division of labour the so-called "global players" play an important part. They are multinational corporations with worldwide markets and worldwide production outlets. A good example is DaimlerChrysler: The company manufactures in 17 countries, on all five continents.

Cultural aspects of globalization

The term "McDonaldization" has long been a catchword in the discussion about the effects of globalization. It stands for the process of cultural homogenization. Taking the fact that McDonalds can be found almost anywhere in the world as a starting point it is argued that national and regional cultural identities are becoming less important and are replaced by a new "international" identity which is dominated largely by "American" and "western" values.

The main vehicles of spreading this new identity are music, television, movies and the internet. MTV is a good example: Founded in 1981 as an American channel to show mainly music videos, it now has dozens of sister channels all over the world. MTV is generally considered to have an enormous impact on popular culture almost everywhere. Just like McDonalds, MTV is also a metaphor for a globalized world.

Other aspects of globalization

The huge increase in transport and travel over the past decades as well as the industrialization of previously non-industrialised countries has resulted in new threats to the **environment.** This development has made it very difficult to reduce the emission of carbon dioxide, for example, considered to be the main contributor to the greenhouse effect or global warming. Globalization also leads to the increased use of natural resources like water, soil or oil.

In **politics** the emergence of a global economy dominated by powerful multinational corporations has brought up the question of what the role of individual nation states can be. It is asked whether one country or one government can still control the effects globalization has on that country. As the big multinational corporations have long ago stopped being and thinking "American" or "German" and consider themselves to be true "global players" for whom national boundaries are no longer very important, many experts believe that the economy and the finance markets can no longer be controlled by national governments. They argue that only international and supranational organizations like the United Nations, the European Union, the World Bank or the International Monetary Fund can attempt to do this. Some people think that a globalized world needs **global governance.** Global governance has been defined as "the management of global processes in the absence of global government" and as "collective efforts to identify, understand, or address worldwide problems that go beyond the capacity of individual states to solve".

Wissen **The pros and cons of globalization**

Few things are more controversially discussed than globalization. Some arguments **for** globalization:

- It increases economic growth and produces greater wealth as well as more goods.
- The free flow of capital makes sure that capital is allocated more efficiently.
- Consumers benefit from a greater freedom of choice and from cheaper products.
- Developing countries are given a chance for development.

Some arguments **against** globalization:

- Instead of creating more economic and social equality, globalization leads to more inequality as well as to greater poverty and social conflict.
- Ordinary people have very little influence on the process of globalization.
- Economic interests and developments are at the centre of globalization while topics like human rights, ecological and social standards and democracy only play a minor role.
- It is feared that globalization will result in the loss of jobs and lower wages in the richer countries.

Aufgabe 6

Martin Jacques: "We Are Globalized, But Have No Real Intimacy with the Rest of the World". The Guardian. April 17, 2006.
What are the main differences between colonialism and globalization concerning the respect for different cultures?

It can rightly be argued that European colonialism embodied a fundamental intolerance, a belief that the role of European nations was to bring "civilised values" to the natives, wherever they might be. It made no pretence, however, at seeking to make their countries like ours: their enlightenment, as the colonial attitude would have it, depended on our physical presence. In no instance, for example, were they regarded as suitable for democracy, except where there was racial affinity, with white settler majorities, as in Australia and Canada. In contrast, the underlying assumption with globalization is that the whole world is moving in the same direction, towards the same destination: it is becoming, and should become, more and more like the west. Where once democracy was not suitable for anyone else, now everyone is required to adopt it, with all its western-style accoutrements.

In short, globalization has brought with it a new kind of western hubris – present in Europe in a relatively benign form, manifest in the US in the belligerent manner befitting a superpower: that western values and arrangements should be those of the world; that they are of universal application and merit. At the heart of globalization is a new kind of intolerance in the west towards other cultures, traditions and values, less brutal than in the era of colonialism, but more comprehensive and totalitarian.

The idea that each culture is possessed of its own specific wisdom and characteristics, its own novelty and uniqueness, born of its own individual struggle over thousands of years to cope with nature and circumstance, has been drowned out by the hue and cry that the world is now one, that the western model – neoliberal markets, democracy and the rest – is the template for all.

The new attitude is driven by many factors. The emergence of an increasingly globalized market has engendered a belief that we are all consumers now, all of a basically similar identity, with our Big Macs, mobile phones and jeans. In this kind of reductionist thinking, the distance between buying habits and cultural/political mores is close to zero: the latter simply follows from the former. Nor is this kind of thinking confined to the business world, even if it remains the heartland. This is also now an integral part of popular common sense, and more resonant and potent as an international language because consumption has become the mass ideology of western societies. The fact that television and tourism have made the whole world accessible has created the illusion that we enjoy intimate knowledge of other places, when we barely scratch their surface. For the vast majority, the knowledge of Thailand or Sri Lanka acquired through tourism consists of little more than the whereabouts of the beach.

Then there is the phenomenon of Davos Man, the creation of an overwhelmingly western-weighted global elite, which thinks it knows all about these things because it describes itself as global and rubs shoulders on such occasions with a small number of hand-picked outsiders. Nor should we neglect its media concomitant, the commentariat – columnists who wax lyrical on these things even if their knowledge of the world is firmly bounded by the borders of the west. A couple of days at a conference in Egypt, India or Malaysia makes instant experts of them. So is much of modern western opinion made.

The net effect of all this is a lack of knowledge of and respect for difference. Globalization has obliterated distance, not just physically but also, most dangerously, mentally. It creates the illusion of intimacy when, in fact, the mental distances have changed little. It has concertinaed the world without engendering the necessary respect, recognition and tolerance that must accompany it. Globalization is itself an exemplar of the problem. Goods and capital may move far more freely than ever before, but the movement of labour has barely changed. Jeans may be inanimate, but migrants are the personification of difference. Everywhere, migration is a charged political issue. In the modern era of globalization, everything is allowed to move except people.

8.11
The Colonial and Post-Colonial Experience

Typische Aufgabenstellungen

- Which arguments were used to justify British colonialism and imperialism in the 18th and 19th century?
- Describe the conflicts a person from a former British colony now living in the UK might experience.
- Although colonialism is mostly a thing of the past, many people believe there is a "legacy of colonialism". What does this legacy consist of?

The topic of the colonial and post-colonial experience is closely related with Britain's past and present. It starts with the process of colonization in the 18th and 19th centuries and continues up to the present. It looks at the experiences of the colonizers and the colonized at a time when Britain was the world's greatest imperialist power und ruled large parts of Africa as well as India and many other places. It also looks at the way the different cultures interacted at that time and how they interact today in a multicultural Britain with millions of migrants from the former colonies.

Wissen **Imperalist ideology**

When Britain set out to build its empire the country was faced with the problem of justifying the conquest of other countries and ruling these countries by force. Among the most common justifications were

- biological arguments: there are different races in the world, some races are superior (white Europeans), others are inferior (Africans, Asians and others,
- religious arguments: Christianity is the only true religion, Christians have the duty to convert the rest of the world,
- cultural arguments: Europeans are superiour to the "natives", they bring civilization to the less developed parts of the world, this is good for the "natives".

After the fall of the British Empire these justifications were more and more criticised and were generally considered to be myths. The Social Darwinist perception of a set of superior and inferior races was discredited and people realized that the concept of different races was not scientific but social and political. The Christian involvement with colonialism and slavery and its disrespect for indigenous cultures had opened a huge credibility gap. The idea that the white man had taken up a burden to serve the colonized people and improve their standing was now seen as a means to hide the true motives for imperialist expansion: to find new markets for products and capital. This process of pointing out the true motives for colonialism and imperialism is sometimes called "post-colonial deconstruction" of imperialist ideology.

Wissen **Post-colonialism**

Post-colonialism is about dealing with the legacy of colonialism. Post-colonial theory deals with the many issues of societies that once were colonies, among them the dilemma of developing a national identity after the experience of colonial rule. Also, the ways in which writers from colonized countries attempt to articulate and even celebrate their cultural identities and reclaim them from the colonizers and the ways in which the literature of the colonial powers is used to justify colonialism through conserving images of the colonized as inferior.
Post-colonialism is also about the impact colonialism has on the former colonizing countries like Britain and the impact immigrants from former colonies have on Britain today.

As a literary theory post-colonialism deals with literature produced in countries that were once, or now are, colonies of other countries. It also deals with literature written by authors who have their origins in former colonies but now live in one of the colonizing countries, e.g. Britain. In general terms, post-colonialist theory studies the interaction between European nations and the societies they colonized.

Questions asked in post-colonial studies

- How did the experience of colonization affect those who were colonized while also influencing the colonizers?
- How were colonial powers able to gain control over such a large portion of the non-Western world?
- What traces have been left by colonial education, science and technology in post-colonial societies? How do these traces affect decisions about development and modernization in post-colonies?
- What were the forms of resistance against colonial control?
- How did colonial education and language influence the culture and identity of the colonized?
- How did Western science, technology, and medicine change existing knowledge systems?
- What are the emergent forms of post-colonial identity after the departure of the colonizers? To what extent has decolonization (a reconstruction free from colonial influence) been possible?
- Are Western formulations of post-colonialism overemphasizing hybridity at the expense of material realities?

- Should decolonization proceed through an aggressive return to the pre-colonial past?
- How do gender, race and class function in colonial and post-colonial discourse?
- Are new forms of imperialism replacing colonization and how?

There are a number of concepts central to the theory of post-colonialism that reflect the main problems concerning the interaction between colonizers and colonized. The most important concepts are:

- **diaspora:** When people leave their home country and live as a minority in another country they live in diaspora. They often feel alienated in their new country of residence and do not know what their identity is.
- **hybridity:** People from former colonies now living e.g. in Britain sometimes try both to keep their original identity and to adopt to the culture of the country they live in. They are influenced by two cultures.
- **acculturation:** This describes the process of one culture (usually the "native" culture of the colonized) gradually being replaced by another culture (usually the "dominant" culture of the colonizers). An "old" identity slowly disappears and a new identity emerges.
- **ambivalence:** This describes the simultaneous rejection and attraction in people of the "other" culture ("otherness"). A person experiencing this kind of ambivalence might be attracted to a person from the "other" culture while at the same time rejecting the culture this person comes from.

Britain is a country where the post-colonial experience is particularly strong. A multicultural society consisting of a white European majority and a sizeable minority of immigrants from mainly former colonies, modern Britain is a place where the interaction between the cultures of the colonizers and the colonized happens every day. This interaction brings with it a number of problems, e.g. racial conflicts, racial and ethnic prejudices, conflicts between different generations of immigrants and the politics of restricting immigration.

9 Übersetzen

9.1 Arbeitsschritte

Bei Übersetzungen ist es sinnvoll, schrittweise und systematisch vorzugehen. Ein idealer Ablauf sieht so aus:

Lesen – Markieren – Bedeutung erkennen – Übersetzen – Vergleichen – Lesen

- **Lesen:** Am Anfang steht die Lektüre des gesamten Originaltextes inklusive der Überschrift. Hierbei kann man sich bereits einen Überblick über die Kernaussagen des Textes und seine stilistischen Besonderheiten verschaffen.
- **Markieren:** Dann folgt die erste Bearbeitung des Textes. Alle nicht unmittelbar verstandenen Wörter und Satzstrukturen werden auf geeignete Weise markiert.
- **Bedeutung erkennen:** Im folgenden Schritt wird versucht, die Bedeutung der „problematischen" Wörter und Satzstrukturen mithilfe der eigenen Worterkennungsfertigkeiten *(word recognition skills)* und / oder eines einsprachigen Wörterbuches zu erkennen. Es ist zu beachten, dass viele Wörter mehrere Bedeutungen haben und die richtige Bedeutung meist nur aus dem Sinnzusammenhang *(context)* heraus erschlossen werden kann.
- **Übersetzen:** Erst jetzt geht es an die eigentliche Übersetzung des Textes. Es kann sinnvoll sein, zuerst eine Rohfassung der Übersetzung auf Konzeptpapier zu erstellen und diese nach einer vergleichenden Kontrolle und Verbesserung zu übertragen.
- **Lesen:** Am Schluss steht die Lektüre der Übersetzung als quasieigenständiger deutscher Text, um Abstand vom Original zu gewinnen. Klingt alles sinnvoll, besteht eine gewisse Wahrscheinlichkeit (aber keine Sicherheit), dass der Text korrekt übersetzt wurde. Klingt die deutsche Version falsch oder unlogisch, enthält die Übersetzung vermutlich noch Fehler.

Tipp

- **Eigennamen:** Vorsicht beim Umgang mit Eigennamen! Manchmal gibt es eine deutsche Entsprechung, manchmal nicht. Aus „amnesty international“ wird auf keinen Fall „Internationale Amnestie“, aus den „United Nations“ werden jedoch die „Vereinten Nationen“. Ländernamen werden immer übersetzt.
- **Paraphrasen:** Klingt die deutsche Übersetzung eines Satzes merkwürdig, kann es sinnvoll sein, nach Synonymen einzelner Wörter zu suchen oder den kompletten Satz zu paraphrasieren.
- **Fremdwörter:** Fremdwörter stellen oft eine Schwierigkeit dar. Es gibt keine allgemeine Regel, wann ein Fremdwort eingedeutscht wird und wann nicht. Am ehesten gilt, dass ein Fremdwort dann ins Deutsche übersetzt wird, wenn es eine in der Alltagssprache akzeptierte deutsche Entsprechung gibt. Für *globalization* beispielsweise gibt es im Deutschen den Begriff „Globalisierung“, für *e-mail* hat sich jedoch kein deutsches Wort durchgesetzt.
- **idiomatische Redewendungen:** Idiomatische Redewendungen *(idioms)* sind oft schwer zu übersetzen. Häufig gibt es deutsche Entsprechungen, die nichts mit dem englischen Original zu tun haben. Aus *it's raining cats and dogs* wird etwa „es gießt in Strömen“.

Methodik **Hinweise zur Herangehensweise**

- Manchmal gibt es bei Übersetzungen Wortangaben am Ende des Textes, die unbedingt beachtet werden sollten.
- Um genügend Platz für Korrekturen zu haben, ist es am besten, mit doppeltem Zeilenabstand zu schreiben.
- Eine Auslassung im Text kann besser sein als eine (völlig) falsche Übersetzung.
- Eine sinnvolle Zeiteinteilung ist wichtig. Vor allem zur Kontrolle und zur Überarbeitung sollte noch genügend Zeit vorhanden sein.

9.2 Satzstrukturen

Im Englischen gibt es eine Reihe von grammatischen Strukturen, die man nicht wörtlich ins Deutsche übersetzen kann. Möglichkeiten der Umschreibung können hier jedoch weiterhelfen. Auch diese unterliegen einer gewissen Regelmäßigkeit und können gelernt werden.

Contact clauses (Relativsätze ohne Relativpronomen):
Is this *the bike you bought* yesterday? → Ist dies das Fahrrad, das du gestern gekauft hast?

-ing-form („-ing“-Form):
The woman shaking her head is my mother. → Die Frau, die gerade den Kopf schüttelt, ist meine Mutter.

Having done the dishes, he watched TV. → Nachdem er abgewaschen hatte, sah er fern.

Mary loves watching soap operas. → Mary schaut sich gerne Seifenopern an.

Progressive tenses (Verlaufsformen):
She was reading a book when somebody knocked. → Sie las gerade ein Buch, als es klopfte.

Economic growth has been slowing down since the early nienties. → Das Wirtschaftswachstum verlangsamt sich seit den frühen 90er-Jahren.

Going-to future (Going-to-Futur):
The government is going to reduce taxes. → Die Regierung hat vor, die Steuern zu senken.

Whether this is going to happen remains to be seen. → Ob das tatsächlich passiert, muss abgewartet werden.

Passive (Passiv):
The actor is said to be rather difficult to work with. → Der Schauspieler soll bei der Zusammenarbeit recht schwierig sein.

Reported speech (indirekte Rede):
The man said that he was rather late. → Der Mann sagte, dass er ziemlich spät dran sei.

9.3 Wörterbücher nutzen

Wissen **Wörterbücher**

Neben ein- und zweisprachigen Wörterbüchern *(mono- and bilingual dictionaries)* gehören Thesauri, Synonymwörterbücher und etymologische Wörterbücher zu den häufig verwendeten. Inzwischen gibt es auch Wörterbücher auf CD-ROM sowie zahlreiche Onlinewörterbücher.

Gerade bei der Übersetzung kommt dem richtigen Umgang mit dem einsprachigen Wörterbuch besondere Bedeutung zu. Gute einsprachige Wörterbücher enthalten mehr Informationen, als ein erster, flüchtiger Blick vermuten lässt.

Man spricht beim Aufbau eines Wörterbuchs von ***entries*** (Einträgen), die jeweils mit einem ***headword*** (Anfangswort, Stichwort) beginnen und alphabetisch geordnet sind. Zu jedem Anfangswort folgen weitere Informationen verschiedener Art, die sich wie folgt klassifizieren lassen:

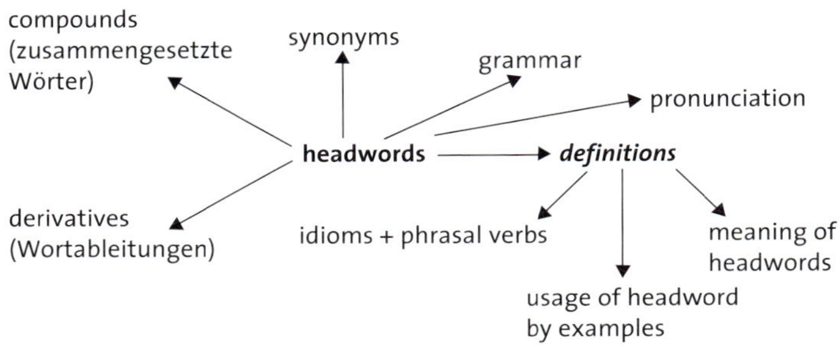

Jedes Wörterbuch hat ein eigenes System von Symbolen und Abkürzungen. Dieses wird im Schlüssel *(key)* auf den ersten Seiten erklärt.

Wenn ein Wort mehrere Bedeutungen hat, sind diese in der Regel alle angegeben. Der Eintrag "business" in einem einsprachigen Wörterbuch sieht also etwa folgendermaßen aus: Auf das *headword* folgen mehrere Definitionen und Beispiele sowie zahlreiche idiomatische Redewendungen. Hier eine mögliche, leicht verkürzte Darstellung des Wörterbucheintrags "business":

> **business** / **1** the activity of making, buying or selling things for money; commerce; trade. **2** a company, a shop. **3** one's usual occupation, profession. **4** a thing that is s.b.'s concern; a duty; a task. **5** a serious matter or matters to be discussed. **6** a matter; an affair or an event

Mithilfe der fünften Definition ist es nicht schwierig, folgenden Satz zu verstehen und zu übersetzen, sofern man sich die Mühe macht, tatsächlich alle Definitionen durchzugehen: Unless there is any other business, we can end the meeting. → Falls nichts Wichtiges mehr ansteht, können wir die Besprechung abschließen.

Die Beispielsätze und idiomatischen Redewendungen helfen oft am ehesten bei der Einordnung eines Wortes in den richtigen Kontext. Vor allem in der Klausur sollte allerdings nicht der Fehler gemacht werden, das Wörterbuch zu häufig zurate zu ziehen, da dies recht zeitaufwendig ist. Zuerst kommt der Kopf, dann das Wörterbuch!

9.4 Problemfelder

Beim Übersetzen vom Englischen ins Deutsche gibt es einige typische Problemfelder, d. h. Bereiche, in denen häufig Fehler gemacht werden. Dazu gehören ***confusables*** (leicht verwechselbare Wörter) und ***false friends*** („falsche Freunde") – englische Wörter, die deutschen Wörtern ähnlich sind, aber eine gänzlich andere Bedeutung haben.

9.4.1 *Confusables*

Englisch	Deutsch
Mary and John are very **amiable** people. When they split, they had an **amicable** divorce.	freundlich gütlich
I was rather **anxious** before our first meeting. I was very **eager** to meet him.	besorgt gespannt
People **borrow** money before buying a car. Will you **lend** me the sum?	(sich) leihen (ver-)leihen
She didn't seem **conscious** of the fact that her husband had no **conscience.**	bewusst Gewissen
There are **continual** changes in our weather. **Continuous** emissions are the main problem.	ständig andauernd
My favorite TV-show is **currently** doing re-runs. The new episodes will begin **presently.**	zurzeit bald
The main aim is **economic** growth. A bike is more **economical** than a car.	Wirtschafts-... sparsam
She was **incredulous** that her friend could do such **incredible** things.	ungläubig unglaublich
Why do you **lie** down all day? The doctor **laid** him down very carefully.	liegen legen
The **moral** of the story is ... The **morale** of the team was lousy.	Moral, Lehre Stimmung
Are you nervous about your **oral** exams? She had to see an **aural** surgeon.	mündlich Ohren-...
He was hired by the **personnel** office. They had a very **personal** relationship.	Personal- ... persönlich
A mobile phone is a **practical** thing. It's not **practicable** to use your mobile here.	praktisch möglich
The school **principal** spoke about the lack of moral **principles.**	Rektor Prinzip
I **rise** slowly from the couch. My uncle **raises** pigs.	aufstehen aufziehen

9.4.2
False Friends

German	English	German	English
tatsächlich, wirklich	actually	aktuell	topical, current
Pommes frites (BE)	chips	Chips	crisps
folglich, resultierend	consequent	konsequent	consistent
Getreide	corn	Korn	seed
anständig, ordentlich	decent	dezent	discreet
besetzt, auch: verlobt	to be engaged	engagiert sein	to be committed to
schließlich, endlich	eventually	eventuell	possibly
Fußboden	floor	Flur	hall
Geschenk	gift	Gift	poison
Vorlesung, Vortrag	lecture	Lektürevorgang/ Lektüretext	reading/reading material
Landkarte	map	Mappe	briefcase; folder
Bedeutung	meaning	Meinung	opinion
Naher Osten	Middle East	Mittlerer Osten	south-western Asia
Mord	murder	Mörder	murderer
nicht dürfen	must not	nicht müssen	not to have to
Anmerkung	note	Note	mark, grade
Benachrichtigung	notice	Notiz	note
gewöhnlich, üblich	ordinary	ordinär	vulgar
überwachen	to oversee	übersehen	to fail to notice
mitleiderregend	pathetic	pathetisch	emotional
Arzt/Ärztin	physician	Physiker	physicist
Quittung	receipt	Rezept	prescription
gewissenhaft	scrupulous	skrupellos	unscrupulous
vernünftig	sensible	sensibel	sensitive
ausgeben	spend	spenden	to donate
Stadion	stadium	Stadium	stage
Hocker	stool	Stuhl	chair
Mitleid	sympathy	Sympathie	liking
Tablette	tablet	Tablett	tray
Verfahren	technique	Technik	technology
Landstreicher	tramp	Tramper	hitchhiker
Leichenbestatter	undertaker	Unternehmer	employer
Lagerhaus	warehouse	Warenhaus	department store
sich fragen	to wonder	sich wundern	to be surprised

10
Wichtige britische und amerikanische Autoren

10.1
Literatur bis 1900

Mittelenglische Literatur (1066–1500)
Nach dem Vorbild des *Decamerone* von G. Boccaccio schrieb **Geoffrey Chaucer** (1340–1400) die *Canterbury Tales* (1387–1400) in englischer Sprache.

Renaissance (16. Jh.)
Mit seinem philosophischen Werk *Utopia* (1516) begründete **Thomas More** (1477/78–1535) die englischsprachige utopische Literatur. **William Shakespeare** entwickelte das Drama weiter.

Wissen Elisabethanisches Zeitalter

Shakespeares Dramen sind u. a. stark geprägt vom Zeitalter ihrer Entstehung, der Herrschaft Elisabeths I. (1558–1603). Sie fällt in die von großen Veränderungen begleitete Zeitenwende zwischen Mittelalter und Neuzeit, die Renaissance. Zu den Veränderungen, die sich in seinen Dramen niederschlugen, zählen:

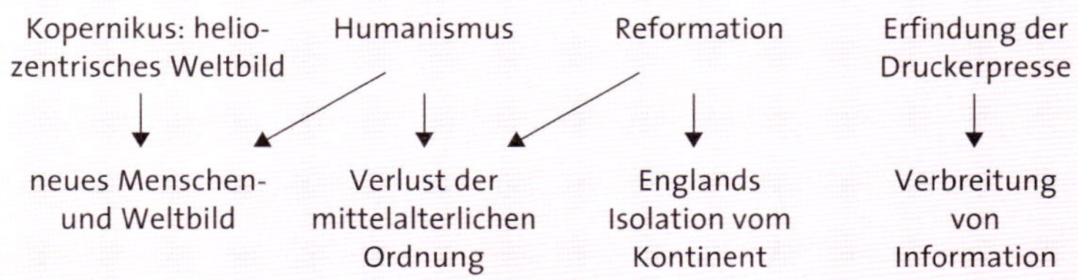

Shakespeare verarbeitete historische Darstellungen und literarische Vorlagen zu Dramen, die, im Gegensatz zu den Werken seiner Vorläufer, eine zusammenhängende dramatische Handlung entwickeln. In den Tragödien weicht er vom klassischen aristotelischen Modell ab, indem er die Einheit von Ort, Zeit und Handlung aufgibt.

Neu war, dass nicht Charaktertypen, sondern einfühlsam gezeichnete Individuen als Figuren auftreten. Die Konflikte und Motive der Figuren besitzen auch für den modernen Leser bzw. Zuschauer Aktualität.

Wissen **Shakespeares Dramen**

Zu den mehr als 30 Dramen zählen Historienspiele, Komödien (z. B. *A Midsummer Night's Dream*), Tragödien (z. B. *Macbeth, Hamlet*) und romantische Stücke (z. B. *The Tempest*). Sie besitzen die Struktur eines Fünf-Akt-Dramas und sind fast durchgängig in reimlosem *blankverse* geschrieben.
Es gibt kaum Bühnenanweisungen. Die Angaben zum *setting* werden im Bühnengespräch geliefert. Ein reimender Zweizeiler signalisierte den Szenen- oder Schauplatzwechsel. Die Aufführungen fanden auf einer von allen Seiten einsehbaren Bühnenplattform *(platform stage)* ohne Kulissen statt.

Zeitalter der Aufklärung (18. Jh.)
1719 veröffentlichte **Daniel Defoe** (1660–1731) den ersten englischen Roman: *Robinson Crusoe*, 1722 die Lebensbeichte *Moll Flanders*. Mit Defoe, der noch in Anlehnung an die episodenhafte Struktur des spanischen Schelmenromanes schrieb, setzte die Entwicklung des englischen Romans ein.

Jonathan Swift (1667–1745) verfasste die satirischen Reiseerzählungen *Gulliver's Travels* (1726).

Die Romantik (1798–1832)
Von **William Wordsworth** (1770–1850) und **Samuel T. Coleridge** (1772–1834) wurden die an die mündlich überlieferten *popular ballads* angelehnten *Lyrical Ballads* (1798) veröffentlicht.

Edgar Allan Poe (1809–49) gilt als Wegbereiter des Kriminalromans (z. B. *The Murders in the Rue Morgue*) und der amerikanischen Short Story. Zusammen mit **Nathaniel Hawthorne** (1804–64) begründete er die eigenständige amerikanische Literatur.

Walt Whitman (1819–92), amerikanischer Dichter, war leidenschaftlicher Verkünder demokratischer Ideen. Er führte den reimlosen *free verse* ein (z. B. *I Hear America Singing*, Gedichtband *Leaves of Grass*, erste Ausgabe 1855).

Emily Dickinson (1830–86), zurückgezogen lebende amerikanische Dichterin, verfasste Gedichte von zeitloser Aktualität *(Indian Summer; Because I Could Not Stop For Death)*.

Der Realismus (ab ca. 1840)
In seinen realistischen Romanen *Oliver Twist* (1837–38), *Hard Times* (1854), *Little Dorrit* (1855–57), *A Tale of Two Cities* (1859) u. a. beschrieb **Charles Dickens** (1812–70) die gesellschaftlichen Missstände seiner Zeit.

William Thackeray (1811–63) porträtierte in dem Gesellschaftsroman *Vanity Fair* (1847–48) Ehrgeiz und Geltungssucht.

Der Naturalismus (ab ca. 1890)
Die naturalistische Literatur stellt das menschliche Leben nicht als selbstbestimmt, sondern als Objekt gesellschaftlicher Kräfte, menschlicher Triebe oder der Natur dar. Vertreter sind z. B. der englische Autor

Thomas Hardy (1840–1928), der zahlreiche Romane verfasste (z. B. *Tess of the D'Urbervilles* (1891), oder der Amerikaner **Sinclair Lewis** (1885–1951) mit *Babbitt*.

George Bernard Shaw (1856–1950), irischer Dramatiker, leitete die Entwicklung des modernen englischen Dramas ein. Er verfasste eine größere Anzahl gesellschaftskritischer Stücke, bekannt ist vor allem die Komödie *Pygmalion* (1913), später verfilmt als *My Fair Lady*.

10.2 Dramatiker des 20. Jahrhunderts

Der erste bedeutende Dramatiker in der Geschichte der amerikanischen Literatur war **Eugene O'Neill** (1888–1953). Naturalistische Stücke: *Beyond the Horizon* (1920), *The Iceman Cometh* (1946), *Long Day's Journey Into Night* (1953).

Arthur Miller (1915–2005), amerikanischer Dramatiker und Drehbuchautor, gilt als Vertreter des Neuen Realismus und Gesellschaftskritiker, der auch Bewusstseinsvorgänge in die Bühnendarstellung einbezog, z. B. in *Death of a Salesman* (1949).

Thornton Wilder (1897–1975), amerikanischer Autor, verfasste unkonventionelle Dramen in Anlehnung an den Expressionismus und das epische Theater, z. B. *Our Town* (1938) und *The Skin of Our Teeth* (1942).

Tennessee Williams (1914–83), amerikanischer Dramatiker, befasste sich vor allem mit psychologischen Vorgängen. Die erfolgreichsten seiner Dramen wurden verfilmt (z. B. *Cat on a Hot Tin Roof, A Streetcar Named Desire*).

Harold Pinter (geb. 1930), englischer Autor zahlreicher Kurzdramen, die sich mit Kommunikationsproblemen und sozialen Rollen auseinandersetzen.

10.3 Erzähler des 20. Jahrhunderts

Virginia Woolf (1882–1941), britische Schriftstellerin. Ihr wohl bedeutendster Roman ist *Mrs Dalloway* (1925) mit seiner innovativen Erzähltechnik des *stream-of-consciousness*, mit der sie die Gedankenwelt, Stimmungen und Eindrücke der verschiedenen Romanfiguren darstellte. Weitere Werke: *The Voyage Out, To the Lighthouse, Orlando, A Room of One's Own, The Waves.* Virginia Woolf hatte großen Einfluss auf die Frauenbewegung.

Die aus Neuseeland stammende Autorin **Katherine Mansfield** (1888–1923) legte in ihren zahlreichen Short Storys den Akzent weniger auf die äußere Handlung als vielmehr auf die Wahrnehmungen, Gedanken und Gefühle der Figuren (Darstellungstechniken des *interior monologue* bzw. der *stream-of-consciousness technique*).

Aldous Huxley (1894–1963) – *Brave New World* (1932) – und **George Orwell** (1903–50) – *Animal Farm* (1945) und *1984* (1949) – beides britische Autoren, kleideten ihre Kritik an totalitären Systemen in die Form der Satire bzw. Anti-Utopie.

John Steinbeck (1902–68) veröffentlichte etliche Kurzgeschichten sowie den realistischen Roman *Grapes of Wrath* (1939), der die Auswirkungen der Weltwirtschaftskrise der 1930er-Jahre am Beispiel amerikanischer Wanderarbeiter darstellt.

Der Amerikaner **Ernest Hemingway** (1898–1961) war wegweisender Verfasser zahlreicher Short Storys. Für seinen Roman *The Old Man and the Sea* erhielt er 1954 den Nobelpreis für Literatur.

Bernard Malamud (1914–86) beschrieb in seinen Kurzgeschichten die Auseinandersetzung jüdischer Einwanderer mit ihrer neuen Umgebung und ihr Bemühen um ein besseres Leben.

Janet Frame (1924–2004) gilt als die bedeutendste neuseeländische Schriftstellerin seit K. Mansfield. Sie verfasste mehrere Romane, z. B. *Living in the Maniototo* (1979) sowie einen Gedichtband.

Salman Rushdie (geb. 1947), aus Indien stammender Autor, wurde mit dem postkolonialen Roman *Midnight's Children* (1981) bekannt. Sein Roman *The Satanic Verses* (1988), der sich mit Redefreiheit und Zensur auseinandersetzt, löste heftige Reaktionen in den islamischen Ländern aus.

John Updike (geb. 1932) gilt als einer der bedeutendsten zeitgenössischen amerikanischen Autoren. In mehreren Kurzgeschichtenbänden sowie Romanen analysiert er die amerikanische Gesellschaft.

John M. Coetzee (geb. 1940), südafrikanischer Schriftsteller, wurde als erster Autor zweimal mit dem Booker Prize ausgezeichnet und erhielt im Jahr 2003 den Literaturnobelpreis. Werke: *Waiting for the Barbarians* (1980), *Disgrace* (1999).

Margaret Atwood (geb. 1939), kanadische Schriftstellerin, schreibt Romane, Essays, Kurzgeschichten und Lyrik und gilt als eine der renommiertesten Autorinnen im englischsprachigen Raum. Werke: *The Handmaid's Tale* (1985), *Cat's Eye* (1998), *The Blind Assassin* (2000).

Paul Auster (geb. 1947) zählt zu den erfolgreichen amerikanischen Gegenwartsautoren. Seine Romane beschreiben Identitätsprobleme sowie die Verlorenheit des Einzelnen in der modernen Gesellschaft, so z. B. in *Moon Palace* (1989).

Hanif Kureishi (geb. 1954), in England lebender Autor mehrerer Romane. 1984 erhielt er eine Oscar-Nominierung für sein Drehbuch zu dem Film *My Beautiful Launderette*. In dem satirischen Roman *The Buddha of Suburbia* (1990) stellt er das Leben so dar, wie er es als Sohn pakistanischer Einwanderer selbst erlebt hat: das Leben im multikulturellen London aus den Augen des siebzehnjährigen Karim Amir.

Arundhati Roy (geb. 1960), indische Autorin, erzählt in dem Roman *The God of Small Things* (1997) von der Auflehnung einer Frau gegen das Kastenwesen und dem daraus folgenden Zusammenbruch ihrer Familie.

10.4 Lyriker des 20. Jahrhunderts

Ezra Pound (1885–1972), amerikanischer Dichter, lebte zumeist in Europa. Sein Hauptwerk, die *Cantos,* ist von Dantes *Göttlicher Komödie* inspiriert.

Der amerikanische Dichter **E. E. Cummings** (1894–1962) setzte die Ausdrucksmöglichkeiten typografischer Mittel ein.

Sylvia Plath (1932–63), amerikanische Dichterin, setzte sich in bildhafter Sprache mit psychischen Problemen auseinander.

Seamus Heaney (geb. 1939), zeitgenössischer irischer Dichter, der an irische Mythen anknüpft.

Wissen — Die *Beat Generation*

Die *Beat Generation* bezeichnet eine Richtung der US-amerikanischen Literatur nach dem Zweiten Weltkrieg. Zu den wichtigsten Werken der sogenannten *Beatniks* gehören u. a. Allen Ginsbergs langes Gedicht *Howl* (1955), William S. Burroughs' Roman *Naked Lunch* (1959) und *On the Road* (1957) von Jack Kerouac, die das Lebensgefühl jugendlicher Außenseiter der 40er- und 50er-Jahre zum Ausdruck brachten. Ihre direkten Nachfolger waren die Hippies.

Roger McGough (geb. 1937), einer der "Liverpool Poets", die in ihrer Dichtung Elemente der Popmusik verwendeten.

Trainingsklausuren

Anforderungsbereiche in den Abiturklausuren

Um die Aufgabenstellung und die Bewertung der Abiturprüfungen durchschaubar und vergleichbar zu machen, wurden durch die Kultusministerkonferenz drei Anforderungsbereiche für die Prüfungsfragen festgelegt, die den Schwierigkeitsgrad einer Aufgabe, v. a. aber den Grad der Selbstständigkeit bei deren Bearbeitung widerspiegeln.

Anforderungsbereich I

Sprachlich angemessene Wiedergabe des Inhalts von vorgelegten Materialien auf der Grundlage von Sachverhalten und Kenntnissen aus einem begrenzten Gebiet, die im Unterricht vermittelt worden sind
Beispiele: Verstehen und zusammenfassen zentraler Aussagen im Material, aufgabenbezogene Wiedergabe von gelernten Kenntnissen; angemessene Verwendung sprachlicher Mittel zur Beschreibung und verkürzenden Wiedergabe von Sachverhalten
Typische Aufgabenstellungen: describe, outline, state, locate, point out, present, put the given passage into the context, summarize, sum up

Anforderungsbereich II

Erklären, Verarbeiten und Darstellen bekannter Sachverhalte mithilfe neuer Fragestellungen und unter Anwendung fach- und sachadäquater Methoden, selbstständiges Übertragen von Gelerntem auf vergleichbare fachbezogene Gegenstände (hinsichtlich der Sachzusammenhänge, Verfahren, sprachliche Mittel, Darstellungsformen)
Beispiele: Erschließen und Darstellen der inhaltlichen Aussagen komplexer Materialien / Sachverhalte; Anwendung von Fachmethoden zur Bearbeitung einer komplexen Aufgabenstellung; problembezogenes Argumentieren; Vergleichen zweier oder mehrerer Materialien hinsichtlich struktureller, thematischer und formal-stilistischer Kriterien
Typische Aufgabenstellungen: analyse, examine, characterize, categorize, classify, explain, illustrate, interpret, compare

Anforderungsbereich III

Selbstständiges Erarbeiten von Lösungen, Gestaltungen, Deutungen, Folgerungen, Begründungen, Wertungen; Auswählen geeigneter Methoden / Lösungsverfahren
Beispiele: Analyse oder Problemerörterung; begründete, wertende Folgerungen aus der Texterschließung ableiten; Einordnung der Ergebnisse in einen größeren Zusammenhang; begründende, argumentierende, kommentierende Stellungnahme; eigenständig-kreative Textgestaltung
Typische Aufgabenstellungen: assess, evaluate, discuss, comment on, justify, contrast, imagine, invent, write

Die hier abgedruckten Trainingsklausuren sind als typische Musterklausuren zu verstehen, wie sie vom Umfang und Anforderungsgrad in einer Abiturprüfung vorkommen können. Der Aufbau einer Abiturklausur kann von Bundesland zu Bundesland variieren.

Die jeweiligen Anforderungsbereiche stehen hinter den Fragen in römischen Ziffern. Eine scharfe Trennung der Bereiche ist oft nicht möglich. In diesen Fällen sind zwei Bereiche angegeben (z. B. **I/II**).

Klausur 1

"The True Cost of Cheap Clothing"
The Observer. Sunday April 23, 2006

At a Cambodian factory that supplies some of the biggest names in British retailing, Nick Mathiason and John Aglionby hear pleas for a fairer deal for hard-pressed workers.

"We do the same work as they do in other factories. They just pay us less," said Nut Chenda. A complaint familiar to workers around the world, perhaps.

But Chenda may have a point. The Cambodian woman works as a machinist for the Fortune Garment and Woollen Knitting Factory, about 20 miles from the Cambodian capital, Phnom Penh. The Taiwanese-owned business sells garments to some of Britain's biggest retailers – among them, household names such as Next, Debenhams and BHS, headed by Philip Green.

Nut Chenda and all the workers The Observer spoke to last week outside the Fortune factory gates earn between $ 50 and $ 60 a month. Even in Cambodia – one of the world's poorest countries – that is low, especially as neighbouring factories, it is said, pay $ 90 to $ 100. Though Fortune maintains it pays a "fair wage above the legal requirement".

That may be true but it is only part of what appears to be a story of harsh conditions and aggressive responses to union activity. Almost all the 30 workers interviewed said conditions in the factory were poor. Most people work in rooms of 600 people, they maintained. "There are not enough fans and only two doors, which are kept closed," said Chenda.

"In the washing room there are lots of chemicals and the ceiling is not high, so it gets very hot and stuffy," said another woman, who asked not to be named. "We are given masks but they are not good enough, and we often suffer the effects of chemical inhalation."

Yim Sarun works in the washing room. "When the buyers come to inspect the factory the managers bring out the best equipment, like good gloves. They also open the doors and increase the ventilation. But no one is allowed to talk to visitors and after the buyers leave they close the doors and take away the [new] safety equipment." Though workers admitted old and dangerous washing machines, which frequently caused accidents, were replaced last year.

Since 2004, union leaders say, 200 people out of a workforce of 2,500 have been dismissed for union activity. Next month the workers plan to strike, seeking reinstatement for a colleague dismissed recently, allegedly for union activity, and demanding better pay.

"Over the past few years we have recognised unions and work with them," said Fortune. "There are three unions recognised in the factory. We have only sacked workers with the local courts' authorisation, and we follow local law."

But the International Labour Organisation, a UN body aimed at improving working conditions, particularly in developing countries, has inspected it three times. In 2002, the ILO say, more violations were detected at Fortune than at almost any other Cambodian company it reviewed. In 2004 it had one of the worst records for implementing ILO recommendations, and received the greatest number of new recommendations. [...]

Though Fortune is just one case, the issue goes to the heart of contemporary retail, with pressure on suppliers from retailers wanting to offer low prices while increasing their own margins.

As prices in first world shops falls, consumer concern about how this is possible has risen. Dan Rees is director of the Ethical Trading Initiative, an industry-wide body of retailers and unions that promotes best practice throughout the supply chain. He said there had been progress among some retailers over health and safety issues and hours of work, but only up to a point. "The best companies swim against the tide of globalization," Rees said. "The biggest challenge is integrating ethical decisions in an environment of falling prices."

It is a challenge perhaps too rarely met. But in recent years, media coverage of sweatshops in faraway places that produce footballs for Nike or T-shirts for Gap has forced giant retailers in particular to come clean and publish transparent auditing mechanisms as well as join industry-wide bodies to promote best practice. Numerous examples of company profits being dented by consumer boycotts on environmental or ethical issues explain why a new breed of "reputation managers" has evolved over the past decade. The negative stories have also spawned audit firms that assess factories on behalf of retailers.

Maybe there is only so much retailers can do. And is it their responsibility to ensure that a factory they don't even own treats its workers fairly if no national laws are explicitly being broken? In the Fortune case, two of the companies involved – Debenhams and Next – are members of the Ethical Trading Initiative. They have received praise from that body for taking the issue seriously. Nevertheless, problems at the factory persist. The workers at Fortune struggling in a hot and noisy factory on low pay at the bottom of the supply chain need more than just a talking shop.

(827 words)

I. Comprehension

1. Describe working conditions and workers' pay at the Fortune Factory (minimum 80 words). **(I)** — 4 Punkte
2. Explain why "consumer concern" (l. 65) has risen (minimum 100 words). **(I)** — 5 Punkte
3. "Maybe there is only so much retailers can do" (l. 87). Show how retailers and consumers can react to complaints about bad working conditions and low pay (minimum 120 words). **(III)** — 6 Punkte

II. Analysis

*Es ist **entweder** Teil II (Analysis) **oder** Teil IV (Translation) zu bearbeiten.*

Choose **one** of the following:

1. The text deals with problems typical of a global economy. Put yourself into the position of someone working for a retailer like Debenhams. Write a formal letter to *The Observer* defending the chain's decision to sell products produced in the Fortune factory. **(II)** — 10 Punkte

or

2. Describe the cartoon, explain the artist's message and relate it to the text from *The Observer* (200–300 words). **(II)** — 10 Punkte

"Globalization never did me any harm."

III. Composition

Choose **one** of the following:

1. "The best companies swim against the tide of globalization, the biggest challenge is integrating ethical decisions in an environment of falling prices" (l. 71–74). Discuss this opinion in the context of consumer and producer interests. **(III)** — 10 Punkte

or

2. Discuss the importance of the internet in the workplace and other areas of daily life (200–300 words). **(III)** — 10 Punkte

IV. Translation (III)

*Es ist **entweder** Teil II (Analysis) **oder** Teil IV (Translation) zu bearbeiten.* — 15 Punkte

35/40 Punkte

Most societies, even liberal ones, do find it difficult to accommodate newcomers when they come in large numbers over a short time, especially when economies are growing slowly or not at all. That is why it is reasonable to set limits on immigration, and also ask immigrants to accommodate to the laws, and partly to the cultures, of the countries they come to. Yet, if societies are to hold together, all their citizens, regardless of colour or religion, need to share some common values and a sense of nationality.

The other side of this coin is that politicians should point out that immigration is the life-blood of most nations. It brings enterprise, energy and variety to society and has for many centuries been the rule, not the exception. Few nations, least of all in Europe, are ethnically pure. Most have benefited hugely from immigrants.

Successful societies do not stand still; they need to be refreshed and revitalised. Similarly, all cultures, however admirable, need to adapt and develop. It is in the mixing of cultures, not in their preservation from change, that nations remain interesting and successful.

The Economist. 1991 (186 words)

Klausur 2

Richard Florida: "The New American Dream"
Washington Monthly, March 2003.

The key factor going largely unheeded is the rise of creativity as the central force in our economy. Without great waves of new products, technologies and industries, our economy would barely have grown since the dark days of the 1970s and early 1980s. Without constant innovation none of our industries will avoid the grim fate that befell factories and offices across the United States. Innovation doesn't come magically from an invisible hand. It comes from people. Every innovation, be it the Palm Pilot, *My Big Fat Greek Wedding*, or the tweaks that make a chemical plant run better, can be traced to human creativity – to people having ideas and finding better ways of doing things.

The Eminem Economy

The rise of the creative sector has also transformed the American Dream. In the years just after World War II, millions of Americans rather quickly acquired a steady job, a car, and a new house – and they quickly grew bored. They read books like *The Organization Man* and *The Lonely Crowd,* and recognized in them their own stifling boredom. They idolized James Dean and Brando, and dreamed of being a *Rebel Without a Cause* or *The Wild One.* They stuck to the grind for the sake of their children – and those children became hippies, rejecting a "higher standard of living" in favor of creative living. And as that generation (and its children) matured and entered the workforce, they sought a new and expanded dream of their own.

Clearly, a living wage is still essential. Too many Americans still have trouble affording what they need or would like to have. But being able to afford food and decent health care is merely a baseline requirement. Most people, including those on the lowest rungs, have a bigger vision, and it isn't "the chance to get rich", the line Reagan once borrowed from Lincoln. It's Jefferson's idea: the pursuit of happiness. The dream is to reap intrinsic rewards from our work rather than merely be "compensated" for the time and effort we put in.

As observers from the sociologist Ronald Inglehart to the Nobel Prize-winning economist Robert Fogel have pointed out, this is an effect of living in a post-scarcity, post-materialist society. Once a society moves above subsistence level, its members start seeking more than material rewards from their work. Many people come to value intrinsic (or creative) opportunity over financial opportunity. The economist Scott Stern has found that academic scientists actually "pay" to engage in their work. On average they forego about a quarter of what they could earn in the private sector for greater freedom to pursue the research that interests them. In surveys of information-technology workers, *Information Week* finds that the job qualities most highly valued by the greatest numbers of workers are "challenge" and "responsibility". Base pay ranks third, and financial incentives like bonuses and stock options far below that, even below quality-of-life factors like commuting distance. Look at popular culture, from Eminem in *8 Mile* to Jennifer Lopez in *Maid in Manhattan.* Why do young people from the ghetto to the suburbs dream of being rap stars? Not just because they're rebellious or because being a rapper provides their best shot at big money. Most stand a far better chance of earning an athletic scholarship than a recording contract (and even big-money athletes want to be rappers!). It's because being a rapper is creative--fun and stimulating (I'd imagine) in a way that a routine desk job never will be.

Should our economic goal be to enable every young person to earn a living as a rapper? Of course not. But conceptually, it's in the right ballpark. Recognizing and tapping creative talents, whatever those talents may be, is a pretty good starting point for a serious debate on how to keep our economy healthy. [...]

America is far better positioned to survive and prosper in the new creative environment than were these other civilizations. Despite the current hard times, our still-growing rates of productivity suggest that our ability to innovate – and to bring out the creative potential of many people--remains strong. But if we don't take our creative strengths to the next level, with policies that bring more citizens into the creative sectors, America will begin to lag behind. Getting us to the next level will require real political imagination and leadership, guided by a new political vision rooted in an understanding of our new economic situation. The old American Dream was a job with which to feed your family. The new Dream is a job *you love,* with which to feed your family. The political party that best understands this dream, and can make it a reality, will be the party that thrives, and makes America thrive.

(790 words)

I. Comprehension

1. Describe the importance of "creativity as the central force in our economy" (l. 2) (minimum 80 words). **(I)** — 5 Punkte
2. In what way has the American Dream been transformed according to the text? (minimum 150 words) **(I)** — 6 Punkte
3. Explain why America is "better positioned to survive and prosper" (l. 73) (minimum 70 words). **(II)** — 4 Punkte

II. Analysis

Es ist entweder Teil II (Analysis) ***oder*** *Teil IV (Translation) zu bearbeiten.*

Choose **one** of the following:

1. The author of the text mentions "The Eminem Economy" (l. 14). Explain this term. **(II)** — 10 Punkte

or

2. Describe the cartoon, explain the artist's message and relate it to the text (200–300 words). **(II)** — 10 Punkte

III. Composition

Choose **one** of the following:

10 Punkte **1.** "The American Dream has always been a myth and will always remain one." Discuss this opinion. **(III)**

or

10 Punkte **2.** Many Eurosceptics demand that Britain should pull out of the EU. Discuss this view (200–300 words). **(III)**

IV. Translation (III)

15 Punkte *Es ist entweder Teil II (Analysis)* ***oder*** *Teil IV (Translation) zu bearbeiten.*

35/40 Punkte

Of course, it can rightly be argued that European colonialism embodied a fundamental intolerance, a belief that the role of European nations was to bring "civilised values" to the natives, wherever they might be. It made no pretence, however, at seeking to make their countries like ours. [...] In no instance, for example, were they regarded as suitable for democracy, except where there was racial affinity, with white settler majorities, as in Australia and Canada. In contrast, the underlying assumption with globalization is that the whole world is moving in the same direction, towards the same destination: it is becoming, and should become, more and more like the west. Where once democracy was not suitable for anyone else, now everyone is required to adopt it. [...]

In short, globalization has brought with it a new kind of western hubris – present in Europe in a relatively benign form, manifest in the US in the belligerent manner befitting a superpower.

The Guardian. April 17, 2006

(159 words)

Klausur 3

Langston Hughes: "Thank You, Ma'm"

She was a large woman with a large purse that had everything in it but a hammer and nails. It had a long strap, and she carried it slung across her shoulder. It was about eleven o'clock at night, dark, and she was walking alone, when a boy ran up behind her and tried to snatch her purse. The strap broke with the sudden single tug the boy gave it from behind. But the boy's weight and the weight of the purse combined caused him to lose his balance. Instead of taking off full blast as he had hoped, the boy fell on his back on the sidewalk and his legs flew up. The large woman simply turned around and kicked him right square in his blue-jeaned sitter. Then she reached down, picked the boy up by his shirt front, and shook him until his teeth rattled.

After that the woman said, "Pick up my pocketbook, boy, and give it here."

She still held him tightly. But she bent down enough to permit him to stoop and pick up her purse. Then she said, "Now ain't you ashamed of yourself?"

Firmly gripped by his shirt front, the boy said: "Yes'm."

The woman said, "What did you want to do it for?"

The boy said, "I didn't aim to."

She said, "You a lie!"

By that time two or three people passed, stopped, turned to look, and some stood watching.

"If I turn you loose, will you run?" asked the woman.

"Yes'm", said the boy.

"Then I won't turn you loose," said the woman. She did not release him.

"Lady, I'm sorry," whispered the boy.

"Um-hum! Your face is dirty. I got a great mind to wash your face for you. Ain't you got nobody home to tell you to wash your face?"

"No'm," said the boy.

"Then it will get washed this evening," said the large woman, starting up the street, dragging the frightened boy behind her.

He looked as if he were fourteen or fifteen, frail and willow-wild, in tennis shoes and blue jeans.

The woman said, "You ought to be my son. I would teach you right from wrong. Least I can do right now is to wash your face. Are you hungry?"

"No'm," said the being-dragged boy. "I just want you to turn me loose."

"Was I bothering *you* when I turned that corner?" asked the woman.

"No'm."

"But you put yourself in contact with *me*," said the woman. "If you think that that contact is not going to last awhile, you got another thought coming. When I get through with you, sir, you are going to remember Mrs Luella Bates Washington Jones."

Sweat popped out on the boy's face and he began to struggle. Mrs Jones stopped, jerked him around in front of her, put a half nelson about his neck, and continued to drag him up the street. When she got to her door, she dragged the boy inside, down a hall, and into a large kitchenette-furnished room at the rear of the house. She switched on the light and left the door open. The boy could hear other roomers laughing and talking in the large house. Some of their doors were open, too, so he knew he and the woman were not alone. The woman still had him by the neck in the middle of her room.

She said, "What is your name?"

"Roger," answered the boy.

"Then, Roger, you go to that sink and wash your face," said the woman, whereupon she turned him loose – at last. Roger looked at the door – looked at the woman – looked at the door – and went to the sink.

"Let the water run until it gets warm," she said. "Here's a clean towel."

"You gonna take me to jail?" asked the boy, bending over the sink.

"Not with that face, I would not take you nowhere," said the woman. "Here I am trying to get home to cook me a bite to eat, and you snatch my pocketbook! Maybe you ain't been to your supper either, late as it be. Have you?"

"There's nobody home at my house," said the boy.

"Then we'll eat," said the woman. "I believe you're hungry – or been hungry – to try to snatch my pocketbook!"

"I want a pair of blue suede shoes," said the boy.

"Well, you didn't have to snatch *my* pocketbook to get some suede shoes," said Mrs Luella Bates Washington Jones. "You could of asked me."

"M'am?"

"The water dripping from his face, the boy looked at her. There was a long pause. A very long pause. After he had dried his face, and not knowing what else to do, dried it again, the boy turned around, wondering what next. The door was open. He could make a dash for it down the hall. He could run, run, run, *run!*

The woman was sitting on the daybed. After a while she said, "I were young once and I wanted things I could not get."

There was another long pause. The boy's mouth opened. Then he frowned, not knowing he frowned.

The woman said, "Um-hum! You thought I was going

to say but, didn't you? You thought I was going to say, *but I didn't snatch people's pocketbooks.* Well, I wasn't going to say that." Pause. Silence. "I have done things, too, which I would not tell you, son – neither tell God, if He didn't already know. Everybody's got something in common. So you set down while I fix us something to eat. You might run that comb through your hair so you will look presentable."

In another corner of the room behind a screen was a gas plate and an icebox. Mrs Jones got up and went behind the screen. The woman did not watch the boy to see if he was going to run now, nor did she watch her purse, where he thought she could easily see him out of the corner of her eye if she wanted to. He did not trust the woman *not* to trust him. And he did not want to be mistrusted now.

"Do you need somebody to go to the store," asked the boy, "maybe to get some milk or something?"

"Don't believe I do," said the woman, "unless you just want sweet milk yourself. I was going to make cocoa out of this canned milk I got here."

"That will be fine," said the boy.

She heated some lima beans and ham she had in the icebox, made the cocoa, and set the table. The woman did not ask the boy anything about where he lived, or his folks, or anything else that would embarrass him. Instead, as they ate, she told him about her job in a hotel beauty shop that stayed open late, what the work was like, and how all kinds of women came in and out, blonds, redheads, and Spanish. Then she cut him a half of her ten-cent cake.

"Eat some more, son," she said.

When they were finished eating, she got up and said, "Now here, take this ten dollars and buy yourself some blue suede shoes. And next time, do not make the mistake of latching onto my pocketbook nor nobody else's – because shoes got by devilish ways will burn your feet. I got to get my rest now. But from here on in, son, I hope you will behave yourself."

She led him down the hall to the front door and opened it. "Good night! Behave yourself, boy!" she said, looking out into the street as he went down the steps.

The boy wanted to say something other than, "Thank you, Ma'm," to Mrs Luella Bates Washington Jones, but although his lips moved, he couldn't even say that as he turned at the foot of the barren stoop and looked up at the large woman in the door. Then she shut the door.

(1320 words)

I. Comprehension

4 Punkte **1.** Sum up the content of the story (100–120 words). **(I)**

3 Punkte **2.** What kind of person is Mrs Luella Bates Washington Jones? (minimum 80 words) **(I)**

3 Punkte **3.** Why and how does she help the boy? (minimum 80 words) **(I)**

4 Punkte **4.** Describe Roger, then compare him to Mrs Jones (100–120 words). **(I)**

II. Analysis

6 Punkte **1.** In Langston Hughes' text, an incident becomes a story. Analyse the different techniques and stylistic devices (language, point of view, time, etc.) the author uses to create suspense and explain their effect on the reader (100–150 words). **(III)**

6 Punkte **2.** What – if anything – is proved by Roger's behaviour at the end of the story? (100–150 words) **(III)**

III. Composition

*Es ist **entweder** Teil III (Composition) **oder** Teil IV (Creative Writing) zu bearbeiten.*

Somehow Mrs Luella Bates Washington Jones' reaction to the attempted robbery became public. She appears on a TV talk show and finds herself attacked again, this time by a conservative judge who insists that Roger should be punished severely.

Take position on **either** Mrs Jones **or** the judge's side and argue the case! (200–300 words) **(III)**

9 Punkte

IV. Creative Writing (II)

*Es ist **entweder** Teil III (Composition) **oder** Teil IV (Creative Writing) zu bearbeiten.*

At the end of the story, Roger is left in the hall of a building that he had not planned to visit, the door of Mrs Jones' room is shut behind him. How could the story continue? Go on! (200–300 words)

9 Punkte

35 Punkte

Klausur 4

Margaret Atwood: "Happy Endings"

John and Mary meet.
What happens next?
If you want a happy ending, try A.

A. John and Mary fall in love and get married. They both have worthwile and remunerative jobs which they find stimulating and challenging. They buy a charming house. Real estate values go up. Eventually, when they can afford live-in help, they have two children, to whom they are devoted. The children turn out well. John and Mary have a stimulating and challenging sex life and worthwhile friends. They go on fun vacations together. They retire. They both have hobbies which they find stimulating and challenging. Eventually they die. This is the end of the story.

B. Mary falls in love with John but John doesn't fall in love with Mary. He merely uses her body for selfish pleasure and ego gratification of a tepid kind. He comes to her apartment twice a week and she cooks him dinner, you'll notice that he doesn't even consider her worth the price of a dinner out, and after he's eaten the dinner he fucks her and after that he falls asleep, while she does the dishes so he won't think she's untidy, having all those dirty dishes lying around, and puts on fresh lipstick so she'll look good when he wakes up, but when he wakes up he doesn't even notice, he puts on his socks and his shorts and his pants and his shirt and his tie and his shoes, the reverse order from the one in which he took them off. He doesn't take off Mary's clothes, she takes them off herself, she acts as if she's dying for it every time, not because she likes sex exactly, she doesn't, but she wants John to think she does because if they do it often enough surely he'll get used to her, he'll come to depend on her and they will get married, but John goes out the door with hardly so much as a good-night and three days later he runs up at six o'clock and they do the whole thing over again.
Mary gets run-down. Crying is bad for your face, everyone knows that and so does Mary but she can't stop. People at work notice. Her friends tell her John is a rat, a pig, a dog, he isn't good enough for her, but she can't believe it. Inside John, she thinks, is another John, who is much nicer. This other John will emerge like a butterfly from a cocoon, a Jack from a box, a pit from a prune, if the first John is only squeezed enough.
One evening John complains about the food. He has never complained about the food before. Mary is hurt. Her friends tell her they've seen him in a restaurant with another woman, whose name is Madge. It's not even Madge that finally gets to Mary: it's the restaurant. John has never taken Mary taken to a restaurant. Mary collects all the sleeping pills and aspirins she can find, and takes them and a half a bottle of sherry. You can see what kind of a woman she is by the fact that it's not even whiskey. She leaves a note for John. She hopes he'll discover her and get her to hospital in time and repent and then they can get married, but this fails to happen and she dies.
John marries Madge and everything continues as in A.

C. John, who is an older man, falls in love with Mary, and Mary, who is only twenty-two, feels sorry for him because he's worried about his hair falling out. She sleeps with him even though she's not in love with him. She met him at work. She's in love with someone called James, who is twenty-two also and not yet ready to settle down.
John on the contrary settled down long ago: this is what is bothering him. John has a steady, respectable job and is getting ahead in field, but Mary isn't impressed by him, she's impressed by James, who has a motorcycle and a fabulous record collection. But James is often away on his motorcycle, being free. Freedom isn't the same for girls, so in the meantime Mary spends Thursday evenings with John. Thursdays are the only days John can get away.
John is married to a woman called Madge and they have two children, a charming house which they bought just before the real estate values went up, and hobbies which they find stimulating and challenging, when they have the time. John tells Mary how important she is to him, but of course he can't leave his wife because a commitment is a commitment. He goes on about this more than is necessary and Mary finds it boring, but older men can keep it up longer so on the whole she has a fairly good time.
One day James breezes in on his motorcycle with some top-grade California hybrid and James and Mary get higher than you'd believe possible and they climb into bed. Everything becomes very underwater, but along comes John, who has a key to Mary's apartment. He finds them stoned and entwined. He's hardly in any position to be jealous, considering Madge, but nevertheless he's overcome with despair. Finally he's middle-aged, in two years he'll be bald as

an egg and he can't stand it. He purchases a handgun, saying he needs it for target practice – this is the thin part of the plot, but it can be dealt with later – and shoots the two of them and himself.
Madge, after a suitable period of mourning, marries an understanding man called Fred and everything continues as in A, but under different names.

D. Fred and Madge have no problems. They get along exceptionally well and are good at working out any little difficulties that may arise. But their charming house is by the seashore and one day a giant tidal wave approaches. Real estate values go down. The rest of the story is about what caused the tidal wave and how they escape from it. They do, though thousands drown, but Fred and Madge are virtuous and lucky. Finally on high ground they clasp each other, wet and dripping and grateful, and continue as in A.

E. Yes, but Fred has a bad heart. The rest of the story is about how kind and understanding they both are until Fred dies. Then Madge devotes herself to charity work until the end of A. If you like, it can be "Madge", "cancer", "guilty and confused," and "bird watching."

F. If you think this is all too bourgeois, make John a revolutionary and Mary a counterespionage agent and see how far that gets you. Remember, this is Canada. You'll still end up with A, though in between you may get a lustful brawling saga of passionate involvement, a chronicle of our times, sort of.

You'll have to face it, the endings are the same however you slice it. Don't be deluded by any other endings, they're all fake, either deliberately fake, with malicious intent to deceive, or just motivated by excessive optimism if not by downright sentimentality.

The only authentic ending is the one provided here: *John and Mary die. John and Mary die. John and Mary die.*

So much for endings. Beginnings are always more fun. True connoisseurs, however, are known to favour the stretch in between, since it's the hardest to do anything with.

That's about all that can be said for plots, which anyway are just one thing after another, a what and a what and a what.

Now try How and Why.

(1270 words)

Trainingsklausuren

I. Comprehension

4 Punkte **1.** What is the subject matter of the story? (80 words) **(II)**

3 Punkte **2.** What function do the first three lines of the short story have? (50 words) **(II)**

4 Punkte **3.** Explain the last line in the second last paragraph: "John and Mary die. John and Mary die. John and Mary die." (minimum 100 words) **(II)**

II. Analysis

4 Punkte **1.** How many characters appear in Margaret Atwood's story? Who are the main characters and what relationship do they have? (minimum 100 words) **(II)**

3 Punkte **2.** Explain the irony in the text (50–100 words). **(II)**

4 Punkte **3.** Analyse the importance of plot, setting and time in this story. What effect does Margaret Atwood's use of stylistic devices have on the reader? (minimum 100 words) **(III)**

4 Punkte **4.** Take a closer look into parts B and C of the story: Outline the major events in both parts, then contrast their different tragic endings and their effect on the reader (minimum 100 words). **(III)**

III. Composition

*Es ist **entweder** Teil III (Composition) **oder** Teil IV (Creative Writing) zu*
9 Punkte *bearbeiten.*
"It is not good that the man should be alone." (Gen 2, 18) Discuss that opinion. You may refer to the text if you wish (200–300 words). **(III)**

IV. Creative Writing

*Es ist **entweder** Teil III (Composition) **oder** Teil IV (Creative Writing) zu*
9 Punkte *bearbeiten.*
Take the last sentence of the text literally: Go to part D of the story and write a story about how exactly Fred and Madge survive the tidal wave. Be careful: Though Margaret Atwood's story is concise and pithy, you may go into details. However: Don't exaggerate, stay realistic! **(III)**
or
Work out part F of the story: How do John and Mary meet? Write down a (romantic? / tragic?) love story of two young people in historic tur-
9 Punkte moil. Write 200–300 words. **(II)**

35 Punkte

Klausur 5

Walt Whitman (1819–92) "I Hear America Singing" (1855)

I Hear America Singing

I hear America singing, the varied carols I hear,
Those of mechanics, each one singing his as it should be blithe and strong,
The carpenter singing his as he measures his plank or beam,
The mason singing his as he makes ready for work, or leaves off work,
The boatman singing what belongs to him in his boat, the deckhand singing on the steamboat deck,
The shoemaker singing as he sits on his bench, the hatter singing as he stands,
The woodcutter's song, the plowboy's on his way in the morning, or at noon intermission, or at sundown,
The delicious singing of the mother, of the young wife at work, or of the girl sewing or washing,
Each singing what belongs to him or her and to none else,
The day what belongs to the day – at night, the party of young fellows, robust, friendly,
Singing with open mouths their strong melodious songs.

(150 words)

Annotations: blithe: happy, not anxious; mason: a person who builds using stone, or works with stone; hatter: a person who makes and sells hats

I. Comprehension

5 Punkte **1.** Write a short summary of this poem (50–100 words). **(I)**

5 Punkte **2.** What situation in America's history is the author referring to? (50–100 words) **(I)**

II. Analysis

6 Punkte **1.** Analyse the function of the stylistic devices in this poem (150–200 words). **(II)**

5 Punkte **2.** Analyse the function of the many different professions the author is enumerating in his poem (100 words). **(II)**

4 Punkte **3.** Take a closer look at ll. 11–12: Which role do women play in the situation described? (100 words) **(II)**

III. Composition

*Es ist **entweder** Teil III (Composition) **oder** Teil IV (Creative Writing) zu bearbeiten.*

"We hold these truths to be self-evident, that all men are created equal, that they are endowed by their Creator with certain unalienable Rights, that among these are Life, Liberty and the pursuit of Happiness." – Discuss this famous sentence written down in the Constitution of the United States of America. You may refer to Walt Whitman's poem if you wish (200–300 words). **(III)**

10 Punkte

IV. Creative Writing

*Es ist **entweder** Teil III (Composition) **oder** Teil IV (Creative Writing) zu bearbeiten.*

Write a reply to Walt Whitman's poem, the I-narrator being a representative of one of the group of persons neglected in the above poem (200–300 words). **(II/III)**

10 Punkte

35 Punkte

Klausur 6

Taylor McKinnon: "Delicate Art of Boundaries"

When it comes to raising teenagers who can make good decisions on their own, a little freedom goes a long way.

Out to dinner the other night with two friends, the conversation shifted eventually to parents. For what seemed like the hundredth time this summer, I found myself speculating on a new set of boundaries that seemed to be popping up at the end of my Grad summer.

"So uncalled for," I whined over a plate of edamame shells. "Don't they realize that their rules make no difference in a few weeks anyway?"

"It's the standard," nodded one of my friends who had graduated – and apparently experienced the same phenomenon – the year before. "Parents are realizing that pretty soon, they'll have no control whatsoever, so they're giving one last good squeeze while they can."

In the sixth grade, my uber-crush – and the most coveted guy in Grade 7 – asked me to the movies on Halloween night. A bunch of older guys and girls were going, and I could bring a friend along.

My parents, upon doing some mild detective work, recognized this as more of a "group date" situation and decided that I was a bit too young, finally offering that, should I want to "invite this fellow trick or treating" he would be more than welcome to wander the streets of Oak Bay with our huge, PG-13 crew of parents, family friends and kids.

Unimpressed with the condolence suggestion and too embarrassed to declare ourselves "too young to be dating boys," my friend and I spent the next few days at school scuffling past the older guys with our textbooks held as shields beside our faces as so not to make eye contact. I kid you not.

In the ninth grade, I was allowed to go to an infamous senior school party. The catch? I wasn't allowed to get a cab home or stay with a friend.

No, my parents picked me up, pulling their car right into the centre of the 11.30 p.m. crowd in the driveway. You can bet they offered rides home to older party-goers.

My mom had no problem raising her hand during a meeting for a tenth-grade choir trip to Disneyland to inquire loudly about after-hour hall supervision – much to the mortification of me, the choir teacher and my boyfriend at the time.

I spent most of my 11th grade summer grounded. We still haven't reached the "joking about it" stage.

Yes, I have had a lot of boundaries set for me. Have they helped me out, or just taught me more about my home's alarm system? Turned me into a better person, or just a better liar? How far is too far? Finally, is this last minute power surge really going to make a difference?

Browsing the Internet, I was able to find a variety of different perspectives, websites, and advice columns on how to raise and discipline a teenager.

No matter which parenting route is taken, one thing is guaranteed: Discipline isn't always as smooth as the bits of advice make it seem.

In the summer going into the Grade 11, a bunch of friends were driving up to Shawnigan Lake to camp overnight at a huge party.

My parents, along with the parents of both my best friends, nixed the idea almost immediately, leaving us stuck at home "babysitting" our 12-year-old brothers, who played video games, fought and prank-called neighbours.

Fast forward a few hours later to this scene: the boys, home alone and completely unaware we had even left, our parents, driving home from dinner only to see their daughters, wandering the streets of Oak Bay at midnight with a noisy crew, clearly making some attempt to recreate the wild and crazy party we were missing.

No, it wasn't the dangerous and exciting appeal of a very desolate Oak Bay Village that tempted us to ditch our responsibilities and fly the coop that fateful night. It was simply three girls, feeling the strain of the boundaries, and wanting to test them out. So we did. And while it may have seemed so at the time, the next morning we realized that our night hadn't really been that much fun. And we were grounded for two weeks. Our parents didn't yell or berate us – we reluctantly figured it out on our own.

Which brings me to my final point, something that the parenting advice never touched upon: Letting your teenager live a little. My parents have set boundaries for me.

They have shaken their heads at parties, they have sat beside me while I thrashed and wailed and sent a break-up e-mail to an eighth-grade boyfriend they deemed "completely skuzzy," but they have also given me the freedom to make a few of my own decisions along the way.

As a result, I've made mistakes, experienced things I wish I hadn't, and ultimately, gained even more respect for the boundaries my parents set.

An article on disciplining teens from life.familyeducation.com supports my point, suggesting that putting teenagers in charge of their own actions "is a start to letting them flex their decision-making muscles while staying connected to [their parents]."

Once you find a balance of boundaries that your son or daughter will respect, and a bit of freedom on the side, the level of resentment you meet will decrease drastically. Communication will get better. Trust me on this one.

So what about the big finale, the two-week squeeze, the final enforcement before freedom? I say, too late. Just like last-minute cramming for a big test, I'll have learned it already. My parents can rest assured that next year I'll know how to wee out a "skuzzy guy," recognize a "sketchy scene," and even schedule myself a few "early nights" all on my own.

That being said ... this Friday night? Extended curfew? Hey, it was worth a try.

Taylor McKinnon, 18, who graduated from a Victoria high school in June 2006

(980 words)

Annotations: uber-crash (slang): a demigod; coveted: desired; to nix: to reject, to veto; curfew: a law which says that people must not go outside after a particular time at night until the morning

I. Comprehension

6 Punkte **1.** Read the text thoroughly, define the text type and give reasons for your decision (100 words). **(I/II)**

6 Punkte **2.** Sum up the content of the text (100 words). **(I)**

II. Analysis

4 Punkte **1.** Outline the author's train of thought (100–200 words). **(II)**

5 Punkte **2.** Examine the structure of the text as well as the stylistic devices used. What effect on the reader do structure and style have? (100–200 words) **(II)**

4 Punkte **3.** Take a closer look at the last two paragraphs and especially the last two lines of the text: Explain a) the meaning and b) the function of these last sentences (50–150 words). **(III)**

III. Composition

Choose **one** of the following:

10 Punkte **1.** Do you agree with Taylor McKinnan's position on setting boundaries while raising teenagers? Justify your position. **(II/III)**

or

10 Punkte **2.** "We don't need no education; we don't need no thought control!" – These two lines appear in a popular song released by Pink Floyd (The Wall, 1979). Now what do you think: Is education necessary? Write an argumentative essay of about 200–300 words. **(III)**

35 Punkte

Klausur 7

The following scene is taken from Peter Shaffer's play "Amadeus", in which Salieri, a 19th century musician looking back on his life, recognizes the fact that Wolfgang Amadeus Mozart, whom he wanted to outplay his whole life, had been the better composer, the more successful musician and even more capable of enjoying his life over the years. Before this scene takes place, Salieri, who until then hadn't met Mozart, had decided to find out personally whether all the rumours about Mozart's personality as well as his musical skills are really worth worrying about.

1 **Act I**

(The Library of the Baroness Waldstädten)
In the Light Box, two elegantly curtained windows surrounded by handsome subdued wallpaper.
Two SERVANTS *bring on a large table loaded with cakes and desserts. Two more carry on a grand high-backed wing-chair, which they place ceremoniously downstage at the left.*

SALIERI *(to audience):* I entered the library to take first a little refreshment. My generous hostess always put out the most delicious confections in that room whenever she knew I was coming. *Sorbetti – caramelli* – and most especially a miraculous *crema al mascarpone* – which is simply cream cheese mixed with granulated sugar and suffused with rum – which was totally irresistible!
He takes a little bowl of it from the cake-stand and sits in the wing-chair, facing out front. Thus seated, he is invisible to anyone entering from upstage.
I had just sat down in a high-backed chair to consume this paradisal dish – unobservable as it happened to anyone who might come in.
Offstage, noises are heard.

CONSTANZE *(off):* Squeak! Squeak!
CONSTANZE *runs on from upstage: a pretty girl in her early twenties, full of high spirits. At this second she is pretending to be a mouse. She runs across the stage in her gay party dress, and hides under the fortepiano.*
Suddenly a small, pallid, large-eyed man in a showy wig and a showy set of clothes runs in after her and freezes – centre – as a cat would freeze, hunting a mouse. This is WOLFGANG AMADEUS MOZART. *As we get to know him through his next scenes, we discover several things about him: he is an extremely restless man, his hands and feet in almost continuous motion; his voice is light and high; and he is possessed of an unforgettable giggle – piercing and infantile.*

MOZART: Miaouw!
CONSTANZE *(betraying where she is):* Squeak!
MOZART: Miaouw! Miaouw! Miaouw!
The composer drops on all fours and, wrinkling his face, begins spitting and stalking his prey. The mouse – giggling with excitement – breaks her cover and dashes across the floor. The cat pursues. Almost at the chair where SALIERI *sits concealed, the mouse turns at bay. The cat stalks her – nearer and nearer – in its knee-breeches and elaborate coat.*
I'm going to pounce-bounce. I'm going to scrunch-munch! I'm going to chew-poo my little mouse-wouse! I'm going to tear her to bits with my paws-claws!
CONSTANZE: No!
MOZART: Paws-claws! Paws-claws! ... Ohh!
(He falls on her. She screams.)
SALIERI *(to audience):* Before I could rise, it had become difficult to do so.
MOZART: I'm going to bite you in half with my fangs-wangs! My little Stanzerl-wanzerl-banzerl!
She giggles delightedly, lying prone beneath him.
You're trembling! ... I think you're frightened to puss-wuss! ... I think you're scared to death! *(Intimately)* I think you're going to shit yourself!
She squeals, but is not really shocked.
MOZART: In a moment it's going to be on the floor!
CONSTANZE: Ssh! Someone'll hear you!
He imitates the noise of a fart.
Stop it, Wolferl! Ssh!
MOZART: Here it comes now! I can hear it coming! ... Oh, what a melancholy note! Something's dropping from your boat!
Another fart noise, slower. CONSTANZE *shrieks with amusement.*
CONSTANZE: Stop it now! It's stupid! Really stupid!
SALIERI *sits appalled.*
MOZART: Hey – Hey – what's Trazom?
CONSTANZE: What?
MOZART: T-R-A-Z-O-M. What's that mean?
CONSTANZE: How should I know?
MOZART: It's Mozart spelt backwards – shit-whit! If you ever married me, you'd be Constanze Trazom.
CONSTANZE: No, I wouldn't.

MOZART: Yes, you would. Because I'd want everything backwards once I was married. I'd want to lick my wife's arse instead of her face.

CONSTANZE: You're not going to lick anything at this rate. Your father's never going to give his consent to us.

The sense of fun deserts him instantly.

MOZART: And who cares about his consent?

CONSTANZE: *You* do. You care very much. You wouldn't do it without it.

MOZART: Wouldn't I?

CONSTANZE: No, you wouldn't. Because you're too scared of him. I know what he says about me. *(Solemn voice)* 'If you marry that dreadful girl, you'll end up lying on straw with beggars for children.'

MOZART *(impulsively):* Marry me!

CONSTANZE: Don't be silly.

MOZART: Marry me!

CONSTANZE: Are you serious?

MOZART *(defiantly):* Yes! ... Answer me this minute: yes or no! Say yes, then I can go home, climb into bed – shit over the mattress and shout 'I did it!'

He rolls on top of her delightedly, uttering his high whinnying giggle. The MAJOR-DOMO *of the house stalks in, upstage.*

MAJOR-DOMO *(imperviously):* Her Ladyship is ready to commence.

MOZART: Ah! ... Yes! ... Good! *(He picks himself up, embarrassed, and helps* CONSTANZE *to rise. With an attempt at dignity)* Come, my dear. The music waits!

CONSTANZE *(suppressing giggles):* Oh, by all means – Herr Trazom!

He takes her arm. They prance off together followed by the disapproving MAJOR-DOMO.

SALIERI *(shaken, to audience):* And then, right away, the concert began. I heard it through the door – some Serenade: at first only vaguely – too horrified to attend. But presently the sound insisted – a solemn Adagio in E flat.

The Adagio from the Serenade for Thirteen Wind Instruments (K. 361) begins to sound. Quietly and quite slowly, seated in the wing-chair, SALIERI *speaks over the music.*

It started simply enough: just a pulse in the lowest registers – bassoons and basset horns – like a rusty squeezebox. It would have been comic except for the slowness, which gave it instead a sort of serenity. And then suddenly, high above it, sounded a single note on the oboe.

We hear it.

It hung there unwavering – piercing me through – till breath could hold it no longer, and a clarinet withdrew it out of me, and sweetened it into a phrase of such delight it had me trembling. The light flickered in the room. My eyes clouded! *(With ever-increasing emotion and vigour)* The squeezebox groaned louder, and over it the higher instruments wailed and warbled, throwing lines of sound around me – long lines of pain around and through me – Ah, the pain! Pain as I had never known it. I called up to my sharp old God 'What is this? ... What?!' But the squeezebox went on and on, and the pain cut deeper into my shaking head until suddenly I was running –

He bolts out of the chair and runs across the stage in a fever, to a corner, down right. Behind him in the Light Box the Library fades into a street scene at night: small houses under a rent sky. The music continues, fainter, underneath.

– dashing through the side-door, stumbling downstairs into the street, into the cold night, gasping for life. *(Calling up in agony) 'What?! What is this? Tell me, Signore!* What is this *pain*? What is this need in the sound? Forever unfulfillable yet fulfilling him who hears it, utterly. Is it *Your* need? Can it be Yours?' ...

Pause.

Dimly the music sounded from the salon above. Dimly the stars shone on the empty street. I was suddenly frightened. It seemed to me I had heard a voice of God – and that it issued from a creature whose own voice I had also heard – and it was the voice of an obscene child!

Light change. The street scene fades.

(1200 words)

I. Comprehension

5 Punkte **1.** Sum up the content of the text (100 words). **(I)**

6 Punkte **2.** Explain the function of stage directions a) in drama generally and b) in the above scene (100–150 words). **(I/II)**

II. Analysis

1. Subdivide the library scene into meaningful phases and explain the structure of that scene (100–150 words). **(II)** — 5 Punkte

2. Write a characterization of Wolfgang Amadeus Mozart as described in the text (100–150 words). **(II)** — 4 Punkte

3. Recalling the library scene, Salieri – in another scene – states, that "That night [i. e. the night in the library] changed my life." Take a closer look at Salieri's monologue at the end of this scene and outline the reasons for his statement (100–150 words). **(II)** — 5 Punkte

III. Composition

*Es ist **entweder** Teil III (Composition) **oder** Teil IV (Creative Writing) zu bearbeiten.*

Art, music, literature – do people benefit from culture and cultural institutions? Justify your opinion (200–300 words). **(II/III)** — 10 Punkte

IV. Creative Writing

*Es ist **entweder** Teil III (Composition) **oder** Teil IV (Creative Writing) zu bearbeiten.*

Imagine you are Constanze and write a diary entry about the library scene. Write about 200–300 words. **(II)** — 10 Punkte

35 Punkte

Lösungen

Die hier abgedruckten Lösungen bieten Vorschläge, wie eine Aufgabe bzw. Klausur gelöst werden könnte. Sie geben den Erwartungshorizont für eine gute bis sehr gute Lösung wieder.

Kapitel 1: Typische Abituraufgaben

Aufgabe 1

After having slept a few hours, the I-narrator got up and started to shave. Even though he could see the whole room behind him in the shaving-mirror, he did not notice the Count's arrival. Firstly, there was no reflection of him in the mirror. Secondly, he seemed to be too absorbed in himself. So the I-narrator is startled by the fact that there is now a voice behind him although he can see nobody there, not even in the shaving mirror which enables him to overview the whole room.
As a reaction – the situation is unusual and frightening – the I-narrator shows nervousness: he cuts himself slightly without noticing it.

Aufgabe 2

What is shocking about the violence of the English hooligans is that it is entirely casual. The author remembers an incident after the opening game of the 1996 European football championship between England and Switzerland. After an unexpected 1-1 draw, the Swiss supporters who were quiet and unthreatening, were enthused. After the match they danced and sang in the street. When they lined up to do a Mexican wave, a young English skinhead crossed the road and verbally attacked a young Swiss. After repeating his insults he hit the man in the face. Blood trickled from his nose. The English hooligan walked slowly and provocatively through the crowd. But no one responded to the challenge.

Aufgabe 3

The writer begins by simply stating a fact: the authors of "The Shilling Shockers" are not held in high esteem. Their reputation is low and they know it. Then he argues that these authors do not deserve to be held in such low esteem because they offer an enjoyable alternative to serious literature. To strengthen his argument, Maugham gives an example of situations – long railway journeys, times of sickness – in which "The Shilling Shockers" help the reader to defeat time. At the end, however, the author doesn't offer a solution but simply states a problem and conveys his own private viewpoint of it.

Aufgabe 4

Genetic engineering:
Pros:
- in farming: possibility of better crops which are well-adjusted to different climates, resistant against different vermins (Schädlinge) and designed to produce a better crop (e.g. fuller heads, bigger edible roots etc.),
- possible increase in production and earnings,
- for human beings: possible elimination of unpleasant and / or deadly diseases.

Cons:
- unknown long-term consequences,
- possible cutback in biodiversity and great risk of increase in monocropping,
- possible misuse of many kinds, e.g. in designing human beings,
- risk of losing individuality.

Tuition fees:
Pros:
- possible reduction in the duration of studies,
- increase in financial resources makes universities more independent from government or industrial money,
- students may have a greater interest in profiting from their studies to increase their individual profit.

Cons:
- possible social injustice: kids of low income families might be worried about the high fees.

Aufgabe 5

The person speaking is an artist, a painter to be precise (the reader can draw this conclusion because the I-narrator portraits people in order to earn a living): he usually studies people's outer appearances very thoroughly and is able to draw conclusions about a person and his character. Furthermore, the painter himself argues with his professional knowledge that all the rumours can't be true, because *he* would be able to see them in his face, his hands, his appearance. Therefore, he argues that the rumours can't be true – and the way that he talks so much about the rumours as well as his tone make it clear to the reader that there are indeed bad rumours about Dorian Gray: he could be a drug-addict of some kind, or he could have sexual preferences not accepted by society; his moral conduct could be strange somehow or maybe he even committed a (serious) crime.

Aufgabe 6

Bevor es möglich ist, ein Gedicht in eine Kurzgeschichte umzuschreiben, ist eine kurze Interpretation notwendig: Das lyrische Ich befindet sich an einem heißen Sommertag ('Twas August, and the fierce sun overhead) in einer Großstadt (im Osten Londons). Es ist ein Werktag, was den Erzähler als vermutlich der Mittelschicht zugehörig ausweist. Er blickt durch ein Fenster – evtl. das Fenster eines ärmlichen Heimarbeiters – zu einem Weber, dessen Haltung Niedergeschlagenheit, Entmutigung und Traurigkeit widerspiegelt (so jedenfalls nimmt der Ich-Erzähler die Situation wahr – vgl. Zeile 3/4: "the pale weaver ... looked thrice dispirited").
Während der Erzähler eine Spannung zwischen Armut und Wohlstand, zwischen Tradition und Fortschritt wahrzunehmen scheint, ist es ein Priester, der in dieser Situation den Glauben als Lösung weist: Jesus bzw. Gott („the living bread") gibt Hoffnung (he „sets up a mark of everlasting light"); offen bleibt am Ende allerdings, ob sich für den Weber ein Weg zur Überwindung seiner Armut auftut.

Short Story: A hot, sunny day in August. I was at home and feeling a bit restless. My mum and our housemaids were preparing a garden party to celebrate my first job, which was going to be held the following day. Whenever I had spotted a quiet place to enjoy my book and the last of my free time before starting work on Monday, first my mum and then one of the maids made me move out of the way. Well, then I got fed up with it and decided to go out for a walk.
I had been walking for just over an hour when I reached the outskirts of East London – a part of the city my parents didn't want me to go to, but I kept on walking anyway. I stopped when I came to a corner of two streets, and was trying to make a decision about which direction to take. Suddenly, I felt thirsty and thought about finding a pub. I took a closer look around the streets and noticed a lot of small, poor, shaggy looking houses, but there wasn't a pub in sight.
Don't the people who live here ever go to pubs? I wondered. I was feeling curious, so I looked in through the dirty window of a house. I could see a skinny, tired looking man in his thirties, hunched over his work, weaving some kind of garment. He was surrounded by numerous kids of different ages and I could sense the desperation, poverty and hopelessness – even through the window.
"Hello, my friend!" I had not heard anybody approaching, but as soon as I turned around, I saw that it was our parish priest. "What are you doing here?", I said. The priest's answer to my question took a while to sink in: "Believe in Christ, our saviour, the living bread, and thou shall live. Don't worry so much."
A hot, sunny day in August. Had I misunderstood our priest's sermons throughout my whole life? Weren't we human because of our ability to share and maybe help ease our fellow's fate? After thanking him for his inspiring words, I slowly turned around and began my long walk back home.

Kapitel 3: Texttypen

Aufgabe 1

When a writer relates an occurrence, a real or imaginary action or simply tells a story, he describes the events in the natural time sequence or chronological order in which they occurred and may, if he wishes, comment on incidents related. This is known as the narrative text type.
Ernest Hemingway relates how an old man kills an enormous fish. The events follow in logical succession: the great fish rises into the air, the old man summoning all his strength drives his harpoon into its side. The climax is reached in the second paragraph when the fish leaps into the air and crashes down beside the skiff. The old man only realizes that the fish is dead when he sees the harpoon sticking in its side and its dark blood discolouring the blue water. This leads him to think about the fish.

Aufgabe 2

A writer, by virtue of vivid, interesting and ordered description of his subject, may strive to arouse in the mind of the reader a clear mental picture of what the author had seen or imagined. Dean Koontz's descriptive text offers an impressionistic description of a casino and its patrons. People from all walks of life – grandmothers, hookers, Japanese, cowboy types, secretaries, a 300 pound lady, an oilman, security guards, blackjack deal-

ers – with their outfits colourfully and vividly described in minute detail. The description of the slot machines as "blinking-flashing-sparkling" adds to the ambience of hectic yet colourful hustle and bustle.
However, as this descriptive passage occurs within a narration, i. e. a novel, it is important only in so far as it contributes to the main purpose of the narrative.

Aufgabe 3

A writer may undertake to give objective and specific information on any conceivable subject, by making a direct appeal to the intelligence of the reader without necessarily attempting to win over the reader to his point of view. Franklin Fearing's text is an example of expository prose beginning medias in res by stating that film is comparable to the folk tale, classic drama and story-telling etc. (ll. 1–2). In an objective way, it deals with the effects of watching movies on the individual. The author explains that each individual gets an unique impression of a film because of his social background, his attitudes and values as well as his experiences, influence the reception of a film or movie.
With regard to the question, such an explanation is proof of the explanatory character of the text itself. In addition, the author makes his position understandable by including the movie in the enumeration of well-researched media such as the folk tale, classic drama and other popular media. Furthermore, when talking about a "need for meaningful experience" (l. 7), he not only specifies this need within the same sentence, but also defines the word "need" itself (l. 7). Continuous explanations appear at the end of this excerpt, when Franklin Fearing adds the psychological aspects of what he has exposed so far (ll. 27–35). And finally, he makes his position understandable.
At the end, Fearing underlines the importance of his statement, that the perception of any media has a psychological – and thus individual – effect upon its perception by every reader, who himself can be defined as a mixture of himself, his social role and the values of his group.

Aufgabe 4

The writer's goal may be to convince the reader of the soundness of some particular theory or viewpoint held by him or simply give the reader his personal view of a problem without trying to persuade him/her at all. Gardner and Levy's text is an example of argumentative prose. The writer begins by simply stating that the conception of a brand is of importance to the customer.
To prove this statement, he talks about qualitative research and its results (ll. 4–10). Continuing, the authors argue that people do not act rationally upon buying or consuming a product, but also rely on emotional aspects. To support this argument, the authors refer to scientific surveys and the result of blindfold tests. To further prove the correctness of their arguments and thus to convince the reader, the authors add the fact that there is no scientific proof of a certain product's superiority (ll. 33–34: "blindfold tests try to find an *otherwise indiscernible* superiority ...") – which in itself is the proof that Gardner and Levy's text is a piece of argumentative prose.

Aufgabe 5

Whereas user's manuals, operating instructions, advice columns and recipes are to be easily recognized as instructive texts, other texts – of which Adams' "The True Epic of America" is an example – can also be called instructive prose. This excerpt is an instruction on how the American people can live a better life: what constitutes greatness in a person or a people is that he or they in all kinds of different situations do not act out of selfishness and envy, but out of a pure urge in acting wise and morally correct.
The author further explains the different aspects of his thesis saying that in order to really make the American dream come true, the "communal, spiritual and intellectual life must be distinctly higher than elsewhere" (ll. 3–5); he argues that only unselfish people have no need to struggle against one another, thus being able to overcome class differences and achieve a better life for themselves. On top of that, Adams also states: "We cannot become a great democracy by giving ourselves up as individuals to selfishness, physical comfort, and cheap amusement" (ll. 14–16), adding to this statement by giving practical advice. In his opinion, a need to share is the clue to a better society (ll. 16–19).
By mentioning Abraham Lincoln as one of the important fathers of modern America, as an example of an exemplary, ideal personality, Adams' text can thus be called an example of instructive prose.

Aufgabe 6

A writer may tell others what to do or how to behave. This is known as the instructive text type. The writer can use instruction either from an objective point of view, like in directions, rules or regulations or from a subjective point of view, as in sermons, personal letters or advertisements.
The article is an advertisement printed in TIME magazine. As an advertisement, it belongs to the instructive text type. However, the whole text is not just made up of instruction. Explicit instruction occurs only at the very end of the text. Like a moral bottom-line, the words "Celebrate Humanity" appear in bold letters. The bulk of the text is taken up by narration. It tells the story of former Italian bobsled driver Eugenio Monti and his selfless act of sportsmanship during the 1964 Winter Olympics in Innsbruck.

As a rule, a text rarely represents one text type exclusively. We normally find mixtures of different text types, in which one may predominate. Such is the case in this text. It uses narration – or a story – to illustrate a moral message. In other words, the text drives home to the reader the moral imperative or instruction that it is humanity which should be celebrated in an international sports event such as the 2002 Winter Olympics in Salt Lake City. This brief message, which terminates the text, turns it into instructive prose.

Aufgabe 7

Faulkner's speech, which he gave on the prominent occasion of being awarded the Nobel Prize, abounds in stylistic devices. The general tone is very elaborate, using a variety of sophisticated words of Latin origin, e.g. "anguish and travail" in l. 12, "dedicated" (l. 11), "spirit" (l. 47), etc. which are very adequate for the occasion. Furthermore, repetition is an important stylistic device used: when Faulkner talks about "anguish and travail", he uses two words of basically the same meaning to emphasize the fact that his work is at the centre of this important award. Also, the author uses enumeration, e.g. in l. 28: "love and honor and pity and pride and compassion and sacrifice", a stylistic device further enforced by the alliteration of "pity and pride": he manages to demonstrate the many facets and aspects of his work.
Another striking device Faulkner uses within his speech is sentence structure: often, he gives a simple fact, just a short statement, in only a few words: "So this award is only mine in trust" (ll. 5–6) as well as "I decline to accept the end of man" (ll. 37–38). In contrast to his formal choice of words, these short sentences easily catch the listener's attention and create an effect of importance and meaning to him.
Also, there are comparisons in the text: by saying "as a pinnacle" (ll. 9–10), Faulkner expresses his notion and esteem his work receives and thereby conveys his thankfulness to the listeners (first of all the Nobel Prize committee) and readers.
Also, contrast is used as a stylistic device: when Faulkner states that "He writes not of love but of lust", he contrasts deep emotions with bare sexuality and spirit against the body.
To summarize the analysis, Faulkner shows his wonderful ability of text creation by building up a clearly structured text full of stylistic devices inserted with skill. The brevity of the speech is another proof of Faulkner's talent and ingenuity and enables the reader to fully understand the Nobel Prize committee's decision.

Kapitel 4: Sprache und Stil

Aufgabe 1

The text which is to be analysed is a political speech held by Martin Luther King, a black American preacher who peacefully fought against slavery and the discrimination of black people in the United States in the 1950's and 1960's. The one and only content of his speech is that he dreams of a society in which all humans would have the same rights and be treated equally. The most important and frequently repeated sentence is the statement "I have a dream": within the first five paragraphs of the speech, that sentence is stated in the very first paragraph, then repeated at the beginning of the next four paragraphs to introduce them. As a consequence, the listener can't avoid paying attention and is curious to hear more details about these dreams.
Martin Luther King also goes into details: whereas in the first paragraph he uses the personal pronoun "I" as well as the expression "my friends" in order to address every single person among his listeners (and continues by including everybody addressed by using the personal pronoun "we") so as to include everybody in his conception of the American nation, he names a variety of situations of what "a new America" could look like. He tells the people that freedom and justice may appeal to everybody and that he dreams of a nation where people (MLK names his four kids to personalize his vision) "will not be judged by the color of their skin but by the content of their character" (ll. 16–18). Also, that he imagines little black and little white children as sisters and brothers.
To be precise, MLK uses the expression "little black boys and black girls will be able to join hands with little white boys and white girls" (ll. 22–23) – a parallelism in sentence structure which he uses to emphasize his words. Also, this is a stylistic device used to eliminate the contrast between black and white which is substituted through the feeling of togetherness that prevails between brothers and sisters. He also employs a comparison "as sisters and brothers" to describe in detail the meaning of his statement.
But besides addressing the individual, repetition, comparison and contrast, MLK uses other stylistic devices, too. In l. 26 for example, he talks about hills and mountains that should become low, about rough places made plain and crooked places made straight – employing very colourful and imaginative similes to picture his vision. Also, MLK uses a clear sentence structure: most of his sentences are quite short and therefore easy to understand (and to memorize), this emphasizes that he is really addressing everybody.
To sum up, the MLK speech is only about one single content, but that content is illuminated from different aspects and underlined by an artistic use of many different

stylistic devices. Altogether, the speech is of an elaborate construction as well as of great importance – no wonder that the speech has become famous over the years.

Kapitel 5: Sachtexte analysieren

Aufgabe 1

Articles published in a popular paper typically present human-interest stories, mix report and comment and personalize the information given to touch their readers emotionally. These are the major criteria upon which to judge the quality of an article, and – as explained in this essay – that the quoted article meets all these criteria. Straightaway the headline of the article titled "Briton Is Shot Dead By Sniper" suggests that it is an example of a text published in the popular press.
To verify this first impression, here are more details to support that statement: from the very beginning, the article is written to create sympathy with the victim. While the headline informs the reader that the victim of a devious attack is British – the choice of word creating a "one-of-us"-effect upon the reader –, the next two sentences add further personal information: the Briton, a 33-year-old father of a 3-year-old girl, was also a multiple sledding champion who had once participated in the Olympic games. Both these pieces of information add to the grief and sorrow, especially of the fact that the victim was a father: from now on, an innocent little three-year-old has to grow up without her dad. The statement of David, brother of the victim, that "You can imagine how devastated she (= the little girl) is that she won't ever see her daddy again" draws the reader's attention to the personal loss that occurred to a little girl very early in life.
Throughout the whole article, stressed information on the incident in Iraq is to the fore – that in itself is another proof of the fact that the article has to be called popular. On top of that, all the statements about the victim's father (ll. 12–16) and the information on the victim having been an experienced soldier who had survived dangerous situations before (ll. 37–39), add to the reader's impression that the killing didn't happen during a fair fight, but is the result of a vicious attack. Also, at the very end of the newspaper article, where it states that the victim Andrew Harris had almost served his time in Iraq and was due home early the following month, adds a further touch of tragedy to the story – something that the reader can take as a proof of sensationalism.
Besides all these structural elements, the language used is easy to understand, using simple words or – if not, as for example in l. 9 the word "luge" – explaining more difficult terms, as well as simple sentence structures. Furthermore, paragraphs are short and easy to understand and so the reading process does not require a lot of concentration.
And although the reprint in this book does not show the article in the exact way as it was originally published, the reader can easily imagine that accompanying photographs – maybe showing the victim playing happily with his little girl – could underline the effect that not only Andrew Harris but his whole family has become a victim of hostile circumstances, evoking sympathy, maybe even pity in the reader – proving once more that the article is meant to entertain the general public.

Aufgabe 2

This newspaper article published in the *New York Times* informs its readers about a quite new phenomenon on the financial market, i. e. that elderly people are now using their aging body as an asset. Taking advantage of the fact that their own death is probable within a reasonable period of time, elderly people buy expensive life insurance policies, then re-sell these policies to a group of investors (who then profit).
The given example explains such a deal as a win-win-situation for both partners: while the elderly person him – or herself receives quite a large sum of money ($ 2 million in the example given) immediately, the group of investors will receive the final payout (i. e. $ 7 million) as soon as the original holder of the policy dies. Even if the investors have to wait some time, the final payout is still considered worth the deal.
As the article states, trading in life insurance policies has become an important business that has negative effects, too. Insurance executives for example state that more such payouts will lessen the industry's profits and therefore, as an effect on the customer, increase the price of policies. Furthermore, there is a moral issue on top of all economic aspects: originally, life insurances were meant to protect the families of individuals. By selling policies to investors, strangers are enabled to profit by somebody else's death, turning the deal into an immoral transaction.
However, as always, there are two sides to everything and the article – trying to inform the reader thoroughly and unbiased – tells the story of a widower whose wife prolonged her life selling her life insurance policy and so being able to buy an otherwise unaffordable medical treatment that gave her some more years to enjoy.
Summing up this article, the author gives well-researched information on the pros as well as the cons of a new market economy. Also, the topic itself – an issue of interest to a growing number of aging people seriously dealt with – as well as the clear structure of the text helps the reader to understand an economic issue. On top of all that, balanced information as well as the pre-

cise and matter-of-fact language enable the reader to judge upon the text as having been published in a so-called quality paper.

Aufgabe 3

The article titled "End Failing Policies That Let BNP Through School Gates" mixes information and comment and can be called a news story.
The introductory sentence of that article gives a plain general statement saying that "our children are in danger": by using the personal pronoun "our" in combination with the noun "children", the reader's attention is attracted, especially since children in general are to be protected, even more so when their "innocent hearts and minds" (ll. 1–2) are at risk.
Then the risk itself is named: the BNP (= the right-wing British National Party) is distributing "pamphlets to schools and colleges encouraging youngsters to ask teachers questions that could incite racial hatred" (ll. 3–5). Not only is it that the content itself endangers democracy, the article states that the danger is even bigger since the dangerous contents are not easy to discover at first sight, but are hidden underneath: flattering photos of a 17-year old girl as well as discussing serious issues "cloak" – as the article puts it – the dangerous contents by reasonableness. Using a moderate tone, women – or the photos of a girl – and talking and campaigning on issues such as recycling and better transportation are the three main techniques used to attract public attention. The article further states that, as people can be deceived easily, not everybody may be able to spot the BNP's "true" racist attitude.
At the very end of the article, the author draws the conclusion that the far-Right can only succeed because respectable political parties fail to recognize the importance of the issues the BNP is dealing with – which is (to draw a conclusion) a position that deserves not only attention, but should be a call for action to all serious democratic politicians.

Aufgabe 4

"Stardom and Charisma" by Francesco Alberoni elaborates a scientific definition of the two terms, using sophisticated words of Latin origin, numerous adjectives to illustrate the nouns and quite a complex sentence structure that needs some concentration on the text to be understood correctly.
At the beginning, the author states that a star is not just a person, but an attractive phenomenon as well as an object of admiration. Charisma, however, refers to personal and individual qualities and Alberoni defines charisma as the attributes of a person who is "believed to be endowed with powers and properties which are supernatural and superhuman or at least exceptional even where accessible to others" (l. 12–15). As a consequence, the term "stardom" has the wider meaning.
After clearly defining the two terms, Alberoni quotes Max Weber, a well-known social scientist, to further explain the dimensions of being charismatic, stating that charisma reflects upon the individual who seems to have been made to become some kind of leader. Supporting Max Weber's definition with his own thesis of the complex mechanisms of a highly structured society – which has a demand for some kind of authoritative power – Alberoni's text is a typical example of a scientific text that first defines a topic and then continues by quoting widely accepted opinions upon the recent scientific discussion. Thus being able to end the text adding one's own aspect or point of view to spur on the discussion of a topic.

Kapitel 6: Fiktionale Texte analysieren

Aufgabe 1

The poem is concerned with eternal beauty, the beauty of the person addressed by the lyrical I. It does not become fully evident whether the situation underlying the poem is a conversation between two people or whether it is a moment of solitary reflection expressed in an internal monologue. The lyrical I adores the person he has in mind; the relationship suggested between them might be that of a lover and the beautiful woman he has fallen in love with.
The poem itself is a sonnet which falls into three quatrains and a rhyming couplet at the end. It has iambic pentameter lines with alternating rhyme. The line of argument corresponds to the structure through the rhyme scheme of the poem.
In the first quatrain, the sonnet opens with a rhetorical question which serves a double function: it invites the reader to follow the speaker's train of thought and it presents the guiding idea of the poem. The initial question introduces the comparison of the beautiful person to "a summer's day"; this is the thesis laid open to discussion in the poem.
The speaker's immediate response in the first quatrain is to reject the thesis. The person's outward beauty ("more lovely"), and inward even-mindedness ("more temperate") form a lasting harmony, which "a summer's day" will never be able to match. Its beauty is likely to be upset by "rough winds" and even the whole season of summer tends to be short.
The second quatrain contains further examples revealing the short-lived beauty of summer. There is no guarantee of a clear summer sky ("often is his gold complex-

ion dimmed") and the heat of the sun may be harmful to nature ("Sometimes too hot the eye of heaven shines"). In lines 7 to 8, the speaker arrives at the general conclusion that everything is bound to change and decline, either due to an untimely event of "change" or due to the course of nature.
This conclusion contrasts sharply with the idea suggested in the third quatrain, which forms the turning point of the poem; the speaker claims that unlike summer's beauty, the height of a person's beauty can be immortalized in some way by describing it in "eternal lines". In the final couplet the lyrical I affirms that lines written and poems are able to overcome the transitory nature of earthly things.
The most striking stylistic devices used in this sonnet are comparison and contrast, sentence structure, repetition, metaphor and personification.
The comparison which runs throughout the poem is that of a person's beauty to a "summer's day". Although the speaker rejects many characteristics associated with summer in the first two quatrains, we may conclude that the season of "summer" has been intentionally chosen to signify maturity of character and the ripeness of the person's outward beauty.
In line 9, the idea of summer representing a period in one's life is extended to the metaphor of "Thy eternal summer" that can be kept alive in poetry, thus giving coherence to the poem.
The contrast between brevity and eternity is established around the theme of time. It is first introduced in the contract-metaphor of line 4: a contract ("lease") stands for the duration of summer's stay. Just as summer is bound to be followed by autumn, the terms of a contract are bound to run out after a fixed period of time. Lines 5 and 6 display a personification of the summer sky; the atmosphere surrounding earth is given features of human beauty, so as to continue the theme of beauty.
The theme of time is resumed in lines 7 and 8, which allude to the decline and loss of beauty that accompany old age. The participle "untrimmed", meaning "being robbed of one's ornament or beautiful features", is an example of the clothes-imagery frequently used in Shakespearean times.
The third quatrain turns towards time's aspect of eternity. It is symbolized by the repetition of the adjective "eternal". The introductory "But" and the syntactical parallelism of lines 10 to 11 underline the speaker's determination to overcome the restrictions of time. "Death", personified in line 11, will be given no power over the addressed person's life. Instead, his or her beauty will stay alive and develop as the poem is read by a changing audience (line 12). In the third quatrain, the alternating rhyme underlines the contrast between the word pairs "fade/shade" and "owest/growest", which are related to the conflicting ideas of the poem.
The concluding couplet forms the climax of the sonnet. It expresses in hyperbole, emphasized by syntactical parallelism, the poet's firm belief that eternal life will be given to beauty if it is put into the form of a poem. The different rhythm used in the couplet adds further emphasis to the final statement.
On the whole, the sonnet is built on the paradox that unlike natural beauty, beauty in poetry is free from change and decay.
To sum up the interpretation, Sonnet 18 is one of Shakespeare's best-known and most beautiful sonnets. Its language, even if some words sound a bit strange to modern ears, is always clear and to the point. Its imagery is able to appeal to the reader's imagination. Its structure is simple but well-built, gathering emphasis for the conclusion in the rhyming couplet.
Some literary critics have claimed that in this sonnet, Shakespeare does not merely refer to the relationship between a man and the woman he loves, but that the deeper meaning of the sonnet refers to the relationship between the poet and poetry, personified by a beautiful woman. Enough evidence can be found in the poem to support this approach.

Aufgabe 2

In comparison to a short story or a novel, drama in general uses a lot character-interaction and reaction in situations and conversation to characterize people. As the reader of a play – who is not watching a stage performance – cannot rely on his eyes to judge body language, the dialogues as well as the stage directions are of importance in analysing a drama.
In this excerpt, Pickering's statement at the very beginning gives the reader the two following impressions: firstly, that he doesn't believe in Higgins' abilities as a teacher ("I'll say you're ...", l. 2), secondly, that he is not only interested in the experiment but also suggests a bet and promises to pay for Liza's lessons.
Reacting to this, Liza – who obviously has become a "target" – does not recognize the moral dimension of becoming such a target, but recognizes at once the financial dimension of the men's discussion, being thankful for the financial offer. However, she is protesting strongly against the accusation of being dirty, confessing that she has washed her face and hands before she came. So right from the start, Liza is characterized as being polite (she's thankful) but of little education, although Higgins is talking about her social status as well, Liza fails to notice that aspect of "being dirty".
Referring to Liza's language, she produces "noises" ("Ah-ah-ah-ah-ow-ow-oo-oo", ll. 24–25) as if to prove her need for education, she is good-hearted and able to judge between good and evil, as her reaction towards

Lösungen

any hints on her being immoral (l. 37: "I'm a good girl") suggests.

Aufgabe 3

The stage directions of the first scene of Sam Shephard's modern theatre play are the very first peaces of information the reader gets about the setting of the play. They try to impose quite a normal and – because of the candlelight and the soft moonlight – maybe even a romantic impression of the scene. However, as soon as the dialogue between Lee and his – probably older – brother Austin starts, the reader begins to recognize some dissonances and maybe even some difficulties: the mother of the two young men has "taken off for Alaska" (l. 10), leaving all the responsibility for the house and plants etc. to Austin. Austin himself is shown as a writer, "seated at a glass table, hunched over a writing notebook, pen in hand, cigarette burning in ashtray, cup of coffee, typewriter on table, stacks of paper" (ll. 3–6), trying to write some kind of text, but obviously interrupted by Lee's impolite behaviour, his continuous questions and rebellious speech. Thus, the few words reprinted in this excerpt foreshadow some kind of conflict.
Scene Nine, correspondingly presents detailed stage directions, but the former (i.e. in Scene One) almost romantic scene has been devastated. The stage is "ravaged; bottles, toasters, smashed typewriter, ripped out telephone, etc. All the debris from previous scene is now starkly visible in intense yellow light" (ll. 20–23), evoking the impression that some fight has taken place. The two brothers are sweating, both of them seem to be exhausted and look as if they are trying to calm down after a fight. Now Lee, in opposition to Scene One where Austin was left in charge – seems to be the "master of ceremonies", as he is the one to dictate some text that Austin takes down. Austin tries to meet his brother's demands by trying to be very quick at taking down every word Lee utters.
Therefore, as the setting changes, the complete scene changes, too: what at the beginning appeared to be peaceful, is no longer peaceful and the reader is left with the impression of two brothers opposed to each other. Furthermore, their relationship – the older sibling being responsible for the younger one – has been reversed, so the change in setting corresponds to that change in the brother's relationship, too.

Aufgabe 4

In this excerpt, Ernest Hemingway employs direct as well as indirect characterization in his presentation of the old man. The very first sentence describes the protagonist stating "He was an old man who fished alone ...", presenting him indirectly as seen by many others; for example other fishermen or strangers who happens to watch him leaving shore early in the morning, evoking the impression that the old man is a loner. However, as the text continues, the reader is able to draw the conclusion that the old man has to be persistent as he has gone "eighty-four days now without taking a fish." And although other people – and probably not only the boy's parents – did call him very unlucky, he continues to go out fishing day after day after day.
The second paragraph of this text, however, employs direct characterization and the old man's outward appearance is described explicitly. He is thin and gaunt with deep wrinkles in the back of his neck, has a number of brown blotches from working outdoors and cheerful, undefeated eyes the same colour as the sea (ll. 16–25).
To further characterize the old man, the author also informs the reader that the boy – whose parents did not believe in the old man's abilities to be a good teacher and master – himself feels that the old man did teach him how to fish and that he still loves his teacher, thereby evoking sympathy for both characters of the story.

Aufgabe 5

In this text, the I-narrator retells a conversation overheard by him while lying flat on the deck of his steamboat. Using a lot of direct speech, the dialogues could also be a tapescript: acting time is the same as reading time, a stylistic device used to create suspense as well as to increase the reader's curiosity about the outcome of the story.
Furthermore, in presenting the narrator as an eye-witness, the whole story becomes more credible – something that in Joseph Conrad's text is of special importance. As the story itself appears to be a bit strange and unbelievable at the point where the I-narrator himself comments upon part of the conversation being "bizarre" (l. 17).
By choosing these devices, the author attracts attention and enables himself to become part of the story.

Aufgabe 6

In this passage the writer proves himself a master at generating suspense: first, by having O'Hara think that he is not alone in his house, second, by having him hear a creaking noise somewhere on the ground floor. The suspense is then intensified by O'Hara's reactions: his pulse quickens, he reaches for his pistol. He thinks that the intruder upstairs is Gary Ledbetter, a man long dead. The author draws out and maintains the suspense by detailing O'Hara's further perceptions and reactions: he hears another creak, he starts to sweat, he hears a sound like a footfall, his nerves are in his throat, he inspects the rooms. The suspense literally climbs to its climax as O'Hara, after staring up the dark staircase, goes up the stairs. Here the author creates almost unbearable suspense. Upstairs the detective cautiously searches the rooms. After inspecting his bedroom – he looks in the closets and even glances under the bed – the suspense abates. O'Hara finds nothing and doesn't hear any more creaks.

Aufgabe 7

Although the story is told in third person narration (e.g. She stood among ..., l. 1; He held her hand ..., l. 2, etc.), the author does not employ omniscient narration but concentrates on Eveline's – i.e. the protagonist's – thoughts throughout the whole paragraph, only Eveline's thoughts and feelings are described, whatever Frank, Eveline's counterpart, feels or thinks is omitted. For example, the reader only gets to know that Eveline feels "her cheek pale and cold (ll. 8–9)", that she worries to "draw back after all that he (= Frank) had done for her (ll. 14–15)" and that she has a feeling that "he would drown her" (l. 21). So it is easy to determine that James Joyce employs third person selective narration to tell his story about Eveline.

Aufgabe 8

This excerpt from Katherine Mansfield's novel "The Garden Party" is a good example of introspection, a narrative technique used to present a character's train of thought as well as his or her feelings. Also known as stream-of-consciousness narration, an author can employ either indirect speech, free indirect thought (a technique that omits introductory verbs) or internal monologue.
In the example given, sentences such as "all she thought was, 'Yes, it was the most successful party'" (l. 12) or "She wished now she had put on a coat" (ll. 18–19) are of course indirect speech. However other sentences such as "How her frock shone! And the big hat with the velvet streamer – if only it was another hat!" (ll. 19–21) or "Oh, to be away from this!" (l. 35) are good examples of free indirect speech, as introductory verbs are omitted.
To convey the protagonist's mixed feelings as well as her undecidedness on how to act correctly, Katherine Mansfield also uses internal monologue to share her protagonist's feelings with the reader: "Should she go back even now? No, too, late. This was the house. It must be" (l. 24).
To sum up the statements on the point of view in this text, one can say that instead of offering the broader view, including the neighbour's death or the reaction of the dead man's wife, the story limits its point of view to Laura's impressions of the day. This allows the reader to look more closely at Laura's feelings and reactions. In this particular passage the reader is directly told what is going on in Laura's mind. He is able to witness Laura's feelings and impressions when she is paying a visit to the dead neighbour's family. Laura's thoughts reveal her deep embarrassment. She feels extremely uncomfortable and almost regrets having come to the cottage in a party dress. In her mind she is already planning how to leave the scene. Due to the point of view chosen by the author, an important effect of this excerpt on the reader is a growing sympathy for a sensitive and emotional girl, thus encouraging the reader to continue reading.

Aufgabe 9

Typically, a satire uses laughter as a weapon to expose and criticize weaknesses and shortcomings of individuals, conventions or institutions. In this excerpt from Aldous Huxley's "Brave New World", an obvious stylistic device used to create a satirical effect is exaggeration by number: the text talks about "three hundred Fertilizers" (l. 3) and a "troop of newly arrived students" (ll. 7–8) referring to something intimate and individual – i. e. reproduction – as something public and mechanical. The same exaggerating effect is achieved by calling the director the "Director of Hatcheries and Conditioning", hence the name itself giving the whole procedure a technical touch.
Another stylistic device that evokes laughter is the use of the simile "straight from the horse's mouth" (ll. 11–12): both times it becomes clear that the director does not deserve the attention he receives, at least not according to the narrator's opinion. Mockery is also employed in the sentence "Not philosophers but fretsawyers and stamp collectors compose the backbones of society" (ll. 21–22), since a serious analysis of that sentence would prove the opposite.
Many more sentences create a satirical effect, e.g. the statement that the newly arrived students follow nervously at the Directors heels (l. 9), that they not just take down everything the "great man" (ll. 10–11) says, but that they "scribble" "desperately" (l. 11) or "like mad" (l. 29). Also the combination of the words "a slightly menacing geniality" (l. 25), when contrasted with the gerund "smiling" evokes doubts on the seriousness of the content of the sentence.
To sum up, each of these examples illustrate the fact that the acting characters take some facts very seriously which – from the reader's distant point of view – do not deserve that dimension. The many stylistic devices employed in these few lines allow a very quick judgement upon the text being satirical and make Huxley's text a humorous and enjoyable read.

Lösungen

Kapitel 7: Bilder und Filme analysieren

Aufgabe 1

The context of the cartoon is rising gas prices in the United States. Traditionally, gas prices have always been low in the US. However, since 2006 Americans have faced a new and almost unknown problem: the running costs of cars has suddenly become an economic factor for many people. This is especially true for less well-off Americans, because it is they who drive older and bigger cars – so called "gas-guzzlers". However, it is also true for most people in the US where "thirsty" pickup trucks are the most popular kind of car and equally thirsty SUVs are becoming ever more popular. The often more economical European and Japanese cars tend to be driven by people with higher incomes who are less affected by rising gas prices.
The cartoonist puts this problem into a human context, i.e. the car shown in the cartoon looks and reacts like a human being who gets on the scales and discovers that he / she is overweight. The reaction is quite obvious – it's one of shock. The cartoonist uses an analogy: many people eat too much for a long time and ignore it. Then they suddenly realize that they have put on too much weight and are shocked by it. The same is true for American car owners. For years they did not care about or did not even know the mileage of their cars because gas was so cheap and gasoline consumption did not really matter. Suddenly, they are forced to realize that mileage does matter, at least financially. They probably also realize that the problem is "home-made", i.e. that they are driving cars that are far too big and heavy.

Aufgabe 2

The picture is dominated by two main elements: in the foreground we see a long line of stationary or slow-moving cars, probably in rush-hour traffic, and in the background we see high-rise buildings and power lines against a smokey sky. The atmosphere of the photograph is almost threatening because everything seems so gloomy. The point of view chosen by the photographer is of somebody watching perhaps from a building. The picture conveys a dark, sort of threatening atmosphere. One could nearly say that it shows doom. This has to do with two things: the photograph is probably underexposed and the only bright part of it is a mainly dark sky with clouds, looming buildings and smoke. It also conveys the idea of something that has come to a complete standstill. Nothing is moving, everything has come to a stop.
This can be seen as a metaphor for a quite hopeless situation. One could interpret the picture's message as relating to the problem of personal mobility and too many cars or to environmental problems caused by industrialized societies. It is hard to tell whether the photographer intended such a "message" when he took the picture or whether it happened by coincidence.

Aufgabe 3

The charts show the seasonally adjusted development of the unemployment rate in the United States between February 2004 and January 2007, as well as the development of seasonally adjusted employment figures in the nonfarm-sector for the same period of time.
The two charts are closely related. The first chart shows a relatively steady reduction of the unemployment rate from 5.7 % to 4.6 %. At the same time the number of employed people increased from slightly over 130 million to almost 138 million. The charts show that there is not only a reduction in unemployment figures but also a steady increase in the number of people with a job.

Aufgabe 4

The data show the relationship between population figures, economic importance and CO_2 emissions on a relative basis. A percentage is given for each of the countries, showing their share of the world population, the world economy and CO_2 emissions. While the USA has only 4.6 % of the world population, it emits nearly a quarter of the total world's wide CO_2 emissions – roughly 5 times as much as its share of the world population. China, on the other hand, has a share of 21 % of the world population but only emits 13 % of CO_2 emissions. One key to understanding these figures is the countries' share of the world economy.
The statistics show that the USA is the world's biggest polluter in relative terms (absolute figures are not given). They also show that China, although only contributing 3.2 % to the world economy, already emits 13 % of CO_2 emissions, almost as much as the economically much stronger EU.

Kapitel 8: Landeskunde

Aufgabe 1

The various surveys all have one thing in common: they show that citizens in Britain do not trust politicians and public institutions.
While nearly half of the European population trust the European Union, this is only true of 26 % of the British population. At the same time, just a quarter of the British trust their own government. This places the UK very much at the bottom of trust rankings in Europe.
It's not only politicians that people in Britain mistrust. When asked whether they trust the press, only 19 % said yes. This is the lowest score in Europe.

On the other hand, there is quite a lot of trust in doctors, head teachers and judges. However, politicians still have a problem. Although local MPs are well respected, the British trust estate agents (!) more than government ministers.
Why do people not trust other people or public institutions? It is probably because they do not believe in what they say or stand for. One could call it a credibility gap. So the question is how can one reduce this credibility gap.
More and better information about what the EU is and stands for would certainly help. A lot of people see the EU as a "bureaucratic monster" trying to regulate all aspects of life. The government and the media should (and could) do a lot more to make sure that the British public in general gets a better and more realistic view of what the EU is and does.
As far as trust in politicians and public institutions is concerned, it is up to them to improve their standing with the British public.

Aufgabe 2

Tony Blair thinks the question is bizarre because the answer is so obvious: Europe has experienced a period of "peace and prosperity" over the past 50 years. Never before has Europe had peace for such a long time. Europe's history has been characterized by many wars in which millions of people died. The experience of two world wars has taught Europe to change. The EU stands for this change. It is the "largest economic single market" in the world and its citizens enjoy one of the highest standards of living.
In the decades after World War II, Europe's main aim was to replace conflict with peace and to bring about European integration. This has been successfully accomplished. Today the EU must face the challenge of globalization. In a worldwide competition of nations, in order to have more influence and greater economic and political strength, Europe must find its place.
Another challenge is the EU enlargement. For many years the EU had no more than 15 member states. Today there are 27 member states and a total population of almost 500 million people living there, due mainly to the eastern enlargement of 2004 and 2007. Without reform it is hard for the EU to make important decisions. The failed European Constitution attempted to improve – among other things – the process of decision-making in the EU; it also tried to make it more democratic. It is of the greatest importance for the future of the EU that this attempt is not given up.

Aufgabe 3

According to Robin Cook Britain needs legitimate immigrants because Britain is economically successful. With birth-rates being relatively low, countries like the UK have a problem in relation to their workforce. There are not enough people to fill the jobs the economy can offer. Therefore, immigrants from other countries must complement this workforce. The fact that people from many countries work in Britain has certain advantages. Multinational companies often choose Britain as a preferred location because they can easily find people who speak more than one language.
A multicultural society can have many benefits. Among them is cultural diversity. Cultures influence each other and lifestyles and cultural horizons are broadened. This is especially true for younger people. A multicultural society can also be a very open society and bring about tolerance and understanding for different lifestyles, cultures and religions. This can be especially true in the field of education if and when young people with different ethnic backgrounds go to school together over a longer period of time. Generally speaking, immigrants can contribute tremendously to a society.
However, there can also be many problems in a multiethnic society. Some immigrant groups do not "fit in" easily and find it difficult to become an integral part of society. The reason for this can be twofold: either the immigrants themselves keep apart from the rest of society or society itself puts up obstacles against the integration of certain groups. This can lead to intolerance and prejudice. In the worst case it can even lead to violence among ethnic groups. When certain groups do not integrate well or are not allowed to integrate this can also lead to parallel societies where the members of different ethnic groups live in their own areas and have relatively little contact with other groups.

Aufgabe 4

The author thinks the war has already been lost because America and its allies – especially Britain – never considered the right options after the fall of Saddam Hussein. They decided to keep their troops in Iraq and argued for a long occupation of the country. Other options were never seriously considered. These options included "a quick deal" with the Iraqi military to establish a new regime. This would have offered America and its allies the possibility to withdraw their troops to bases in northern Iraq and Kuwait "to police the outcome".
The author believes that this was never a serious option. He argues that this has to do with the fact that the US supports Israel unconditionally and therefore cannot hope for support from other Arab countries. Tariq Ali seems to be convinced that a total US withdrawal would have been the only sensible course of action after the fall of Saddam. It is hard to tell what the political outcome of such a withdrawal would be, as it never happened. It is not so hard, however, to judge the ongoing occupation of Iraq. It is probably justified

to call it a "disaster" because it has not brought peace and political stability to Iraq. On the contrary: every day people are killed in the streets of Baghdad and elsewhere, sometimes by the hundreds and Iraq seems to be closer to an outright civil war every day. It is also true that more US soldiers were killed in Iraq after the war officially ended. The occupation of Iraq shows once again that it is often easier to win a war than to win peace.

Aufgabe 5

Clinton mentions the "unfinished business between black and white Americans", but also points out that this "dilemma" has now become "many dilemmas of race and ethnicity". There is tension between blacks and Hispanics, as well as hostility toward new immigrant groups, i.e. from Asia, the Middle East, Latin America and the Caribbean. There is also a new anti-Semitism.

Clinton suggests a number of things to overcome these problems. The first suggestion is to make sure that everybody has a job and earns enough money to make a decent living. According to Clinton this is the "best antidote to envy, despair and racism". The basis for this must be a good education for young people and more opportunity for everyone.

It is also important to create "one American community based on respect for one another and our shared values". To accomplish this aim there must be more contact and communication between the different ethnic groups and races. People should no longer talk about each other, but rather with each other; they should not look down on others. It is important to discuss race relations openly and face the problems of a country with so many races and ethnic groups. What Clinton aims at is what he calls "the world's first truly multiracial democracy", a country which cherishes all its people.

Aufgabe 6

According to Jaques, colonialism was certainly intolerant and arrogant in its belief that it was up to the European nations to bring "civilized values" to the natives. However, it did not attempt to make the colonized countries like the European countries and it did not consider the majority of the colonized countries fit for democracy. In its own way colonialism respected different cultures, something that globalization certainly does not. Gobalization is characterized by an overwhelming drive to impose uniform values, regardless of national traditions and values. It no longer treasures uniqueness, but instead uniformity. The new values are western values (e.g. democracy, neoliberal markets, the globalized consumer, predominance of TV and international labels).

Trainingsklausuren

Klausur 1

I. Comprehension

1. According to some of the workers in the Fortune Factory, they are paid between $ 50 and $ 60 a month. That is not much even in Cambodia. Neighbouring factories pay more, up to $ 100 a month. Working conditions are very poor. There are rooms with over 600 people, not enough fans and closed doors. There are also lots of chemicals used. Although there are masks for the workers they are not good enough to prevent chemical fumes inhalation. Good gloves and other safety equipment are only present when buyers inspect the factory. Once they have gone, the modern safety equipment is taken away.
2. More and more consumers now realize that the clothes they buy from companies like Nike or Gap are produced in sweatshops in low-wage countries. Many of them also wonder how the things they buy can get cheaper all the time. Consumers now question the ethics of producers and retailers. This has led to consumer boycotts on environmental or ethical issues. Some companies try to improve their reputation by convincing the public that they provide more than minimum standards as far as working conditions and wages are concerned. They even employ a new kind of manager – "reputation managers" – and seek the help of audit firms that assess factories to achieve this aim.
3. Retailers and producers can improve working conditions and pay by putting pressure on the factories to improve conditions or by choosing different factories. They could also try to sell goods at a higher price and at the same time guarantee their customers that the workers who produced these goods have good working conditions and wages. Having the production process audited by independent bodies could be a good way. Consumers and their organizations can inform the public about the relationship between cheap prices and unethical behaviour on the side of producers and retailers. As a last resort consumers can also decide to boycott certain shops or even whole labels. This has worked before and has forced big companies to apply changes.

II. Analysis

1. Dear Sir or Madam,

it's all too easy for journalists to condemn retailers for selling the products our customers want at a price they want. On behalf of Debenhams, I would like to protest against your article.

Debenhams is not responsible for conditions at The Fortune Garment and Woollen Knitting Factory mentioned in your article. Debenhams does not own this firm, it simply buys products produced by them. As such it is just one of many suppliers. Of course we would all like

conditions and wages to be better for the people working at the Fortune Factory.
Debenhams is a leading member of the Ethical Trading initiative aimed at improving working conditions at our suppliers and takes this aim very seriously. Our influence, however, is rather limited.
The position of Debenhams in a very competitive retailers' market also depends on competitive prices; so do the jobs of the people working for Debenhams. Our customers expect good quality clothes at reasonable prices. If Debenhams were to stop buying from the Fortune Factory, prices would go up and our customers might turn elsewhere for their shopping.
I agree that your article deals with a serious problem, but treating workers fairly in a factory in Cambodia is not something Debenhams can guarantee. This is up to national laws in Cambodia and to the owners of The Fortune Factory as well as the trade unions in that country.
Yours sincerely ...

2. The cartoon shows two rather fat men both holding a glass in their hands. One of them is smoking a cigar. They are engaged in a conversation, probably at a party. One of them tells the other that "globalization never did me any harm". From the way the two characters are drawn, one can assume that they are both business people, either managers or owners of firms.
The artist's message is quite obvious: "Globalization never did me any harm" must be generalized. "Globalization is good for the industrialized countries and most companies in those countries benefit from it" could be this generalization. Certain countries and companies are winners in the process of globalization, while other countries are losers. The two figures in the cartoon belong to the winners and don't think much about the losers; all they see is their own interests and profits.
The text in *The Observer* is about the negative aspect of globalization: bad working conditions and low wages in a factory that produces goods for the industrialized world in a third world country. It deals with the losers of globalization, or rather people who could benefit more from globalization if conditions were different. The two figures in the cartoon can be seen as the deciding factors which make a change of conditions impossible.

III. Composition

1. *Folgende Aspekte können angesprochen werden:*
- Many people are afraid of the impact of globalization.
- Most people like low prices, but they also realize that bad working conditions and low wages in less developed countries are responsible for cheap products.
- Firms are afraid of getting a bad reputation; they also fear consumer boycotts.
- Companies must try and find a balance between offering products at reasonable prices and making sure that working conditions and wages at the places where these products are produced are acceptable.
- Sometimes companies even stop selling or producing certain products for ethical reasons.

2. *Folgende Aspekte können angesprochen werden:*
- communication: e-mail, chat, messengers, webcams
- information: world wide web, online newspapers, news feeds
- social networking websites/online communities like YouTube etc.
- entertainment: games, videos, internet-tv
- online shopping
- in the workplace: communication, coordination, integration
- benefits/advantages and disadvantages/dangers should be discussed

IV. Translation

Den meisten Gesellschaften, sogar den liberalen, fällt es schwer, Neuankömmlinge aufzunehmen, wenn sie in großer Zahl innerhalb kurzer Zeit kommen. Dies trifft besonders dann zu, wenn die Wirtschaft nur langsam oder gar nicht wächst. Aus diesem Grund ist es vernünftig, die Einwanderung zu begrenzen und die Einwanderer auch aufzufordern, sich den Gesetzen und zum Teil auch der Kultur der Länder, in die sie kommen, anzupassen. Wenn Gesellschaften jedoch zusammenhalten sollen, müssen alle Bürger ungeachtet ihrer Hautfarbe oder Religionszugehörigkeit gemeinsame Werte und ein Nationalbewusstsein haben.
Die andere Seite der Medaille besteht darin, dass Politiker darauf hinweisen sollten, dass Einwanderung für die meisten Staaten lebenswichtig ist. Sie versorgt die Gesellschaft mit Unternehmensgeist, Energie und Vielfalt und ist seit vielen Jahrhunderten die Regel, nicht die Ausnahme. Nur wenige Nationen, am allerwenigsten in Europa, sind ethnisch rein. Die meisten haben enorm von den Einwanderern profitiert.
Erfolgreiche Gesellschaften kennen keinen Stillstand; sie müssen gestärkt und neu belebt werden. In ähnlicher Weise müssen sich alle Kulturen, so bewundernswert sie auch sein mögen, anpassen und weiterentwickeln. Nationen bleiben gerade dann erfolgreich und interessant, wenn sich Kulturen vermischen, und nicht, wenn Veränderungen abgewehrt werden.

Klausur 2

I. Comprehension

1. The author believes that creativity is a "key factor" and a "central force" in the U.S. economy. He holds the opinion that without creativity the economy would

have hardly grown over the past two or three decades. This is because innovation is so important in the areas of technology und industry. Innovation, however, "comes from people". It is people that make up the "creative sector" and it is their ideas that improve things and help the economy to grow.

2. In the years after World War II, many people's idea of the American Dream consisted of a steady job, a car and a house. They wanted good wages that would put them in a position to buy the food they wanted and to afford the health care they needed. Basically, all they wanted was a higher standard of living.

The children of that generation seek their own version of the American Dream. For them, money and the chance to get rich is no longer the main motivational factor of their lives. According to the author, they are in "pursuit of happiness", and it is intrinsic rather than extrinsic motivation that drives them. For many of them, responsibility or challenge come before a high income. There are even examples of academic scientists who actually "pay" to be able to do their research. Generally speaking, academic scientists earn about a quarter less of what they could earn if they worked for private firms but still prefer to work for a university or college.

3. The reasons why America is in such a good position lie in its potential for innovation and its ability to boost the creative potential of many people. According to the author, it is important that America brings more people into the creative sectors of the economy. It is also important to make it possible for people to work in a job they both love and make enough money from.

II. Analysis

1. "The Eminem Economy" refers to the rapper Eminem; it is a term the author uses for an economy where creativity and the "creative sector" play an even more important part.

According to the author it is typical of a post-materialistic society where scarcity is only a problem for relatively few people. If a society as a whole creates enough wealth for the majority of its members, they want more than just good money for their work. Apart from money as a "compensation" for the time and effort they put into their work, they also want a certain degree of satisfaction in and from their jobs.

Young people "from the ghetto to the suburbs" make a good point. A lot of them want to be rap stars. This is not so much because all rappers make lots of money – some do, of course – but because they want to be creative in a way they could not be in an "ordinary" job. So although many of them could probably make more money as athletes, they still want to be creative artists. The author believes that creative talent should be found out and used for the improvement of the American economy.

2. The cartoon shows a typical street scene. In the background there are a number of busy people. In the foreground we can see a man looking at a sign that has been put up on a lamp post. The man smiles approvingly while he is looking at the sign which reads "Earn big dollars at home for doing nothing". The caption of the cartoons says "The Real American Dream".

The cartoon's message is not very subtle. It points out that a lot of people would like to have the rewards of the American dream – success, money and so on – without doing anything thing for it.

The main "message" of the text is quite different, indeed. According to the author, many people are willing to do a lot to fulfill their version of the American dream; some even go as far as being prepared to earn less money if they get more job satisfaction. The cartoonist probably has the "traditional" version of the American dream in mind when he criticizes peoples' attitude towards it. As far as the "modern" version of the American dream is concerned, the cartoon's message is not spot on as it is the willingness to sacrifice which is an aspect typical of this kind of dream.

III. Composition

1. *Folgende Aspekte können angesprochen werden:*

- Definition of the American dream
- The "dishwasher to millionaire" idea is real only for very few people.
- Although the US is a wealthy country, there is also a lot of poverty.
- Some groups have always had better chances than others to accomplish the American Dream.
- For some people the American Dream has definitely come true.
- Well known examples are Bill Gates, who started out in a garage and is now one of the richest men in the world and Arnold Schwarzenegger, who came to America as a more or less penniless bodybuilder and is now the Governor of California.

2. *Folgende Aspekte können angesprochen werden:*

- The most negative attitudes towards the EU are to be found in the UK.
- This is especially true as far as the introduction of the Euro is concerned.
- Eurosceptics argue that the EU wants to become a European "superstate".
- They are afraid that Britain will lose its sovereignty and that all important decisions will be made in "Brussels".
- There is strong opposition to the idea of a politically united Europe with powerful European institutions.
- Many Britons believe that Britain doesn't need the EU.
- Eurosceptics often forget the economic benefits of Britain's EU membership.

- They don't see that Britain might become politically and economically isolated in Europe.
- They don't want to recognize the overall impact that the EU has had on Europe: peace and prosperity.

IV. Translation

Natürlich kann man berechtigterweise die Meinung vertreten, dass der europäische Kolonialismus eine grundlegende Intoleranz verkörpert hat, eine Überzeugung, dass die Rolle der europäischen Nationen darin bestand, den Eingeborenen – wo immer sie auch sein mochten – „zivilisierte Wertvorstellungen" zu bringen. Allerdings gab er nicht vor, ihre Länder den unseren gleichmachen zu wollen. Der Kolonialismus ging davon aus, dass die Eingeborenen auf keinen Fall für die Demokratie geeignet waren, es sei denn, es gab eine ethnische Übereinstimmung, wie es in Australien und Kanada mit ihren Mehrheiten von weißen Siedlern der Fall war. Im Gegensatz dazu besteht die grundlegende Annahme der Globalisierung darin, dass sich die ganze Welt in die gleiche Richtung bewegt und das gleiche Ziel hat: nämlich dass sie mehr und mehr wie die westliche Welt wird und auch werden sollte. War einst die Demokratie nicht für alle geeignet, so sollen jetzt alle die Demokratie übernehmen.
Kurzum, die Globalisierung hat eine neue Form der westlichen Anmaßung mit sich gebracht, die in Europa in einer verhältnismäßig gutartigen Form auftritt, sich in den Vereinigten Staaten jedoch in der kriegerischen Art und Weise, die einer Supermacht gebührt, äußert.

Klausur 3

I. Comprehension

1. At the beginning of the story, a large woman carrying a large handbag is walking home from work at eleven o'clock at night. She is suddenly attacked by a teenage boy who tries to rob her handbag. However, the bag is very heavy and the boy loses his balance and falls on his back. The woman reacts quickly to the situation, grabs the boy and drags him home with her.
On the way to her home, the lady keeps talking to the boy and asking him questions, whether he is ashamed of himself for trying to rob her or whether he has somebody at home to tell him to wash his face, etc., finally telling the boy that she would teach him right from wrong. The lady's behaviour terrifies the boy, and so he apologizes.
Having arrived at Mrs Jones' home, she finally loosens her grip, sets the boy free and asks him his name. Then she begins to prepare dinner for both of them. As the story continues, Mrs Jones learns that Roger wanted to steal some money because he wanted to have a pair of suede shoes. And by the time dinner is ready, Roger no longer wants to be untrustworthy.
After dinner, Mrs Jones finally takes Roger to the door, where she hands him some money so he can buy some suede shoes. Doing so, she warns him that next time he wants something, he should behave: "Do not make the mistake of latching onto my pocketbook nor nobody else's – because shoes come by devilish ways will burn your feet." (ll. 135–137)
Overwhelmed by Mrs Jones' unusual and exceptionally warm and generous reaction, the boy just manages to say "Thank you", before Mrs Jones shuts the door behind Roger and the story ends.

2. Mrs Jones appears to be a very interesting person with a lot of experience in life. Not much is said about her outward appearance, the reader only knows that she is a "large woman" (l. 1). Also, she uses slang expressions when talking to the boy (e.g. "You a lie", l. 24, or "I got a great mind to wash your face for you", ll. 32–33, some "ain't's" as well as expressions such as "snatch", l. 77).
Her home – a small apartment at the rear of a large house that she shares with other tenants – does not have a bathroom, just a sink, no kitchen and no fridge, just a gas plate and an icebox (l. 110), which suggests that the lady herself is not really well-off. Dinner, too, is very simple, just cocoa, some lima beans and ham (ll. 123–124), more proof that Mrs Jones' living conditions are plain and simple.
Mrs Jones, however, is characterized by her behaviour: at the beginning of the story, when she is attacked on her way home, she acts fearlessly and courageously. She is able to attack him in return, kicks the boy in his bottom and shakes him "until his teeth rattled" (l. 14). The reader can draw the conclusion that Mrs Jones is not only a large person, but that she has quite some strength, too, as well as the will to use it when necessary.
Her physical strength is accompanied by mental power: within a short period of time – the walk home doesn't seem to take too long – she is able to get through to Roger and in the end making him feel that he doesn't want to be untrustworthy any longer, also proving to the reader that she is not a victim nor does she intend to become one. After the boy answers some of her questions, Mrs Jones is able to act fairly towards him; she even manages to establish a trusting relationship, topping her unusual behaviour by generosity. Roger will certainly never forget his encounter with Mrs Luella Bates Washington Jones.

3. Mrs Jones not only helps Roger out of an understanding for his situation, but also because she herself has done things which were illegal. Her help, though, has more than only one dimension: first, she helps him very practically by firstly giving him some dinner, then some money to enable him to buy some suede shoes. Secondly, she trusts the boy, helping him to build up some self-confidence. Thirdly, by acting the way she

Lösungen

does, she serves as a real example of how to make an honest living in simple living conditions. The best lesson that she teaches the boy, however, are her words while handing him the money: Mrs Jones advises Roger to think about the consequences of his deeds, telling him that "shoes come by devilish like that will burn your feet", and not only the boy, but the reader too certainly understands that an honest living is a good choice.

4. Roger is a teenage boy, his outward appearance is described in just one sentence: "He looked as if he were fourteen or fifteen, frail and willow-wild, in tennis shoes and blue jeans" (ll. 39–40). His answers to Mrs Jones' questions also reveal that he does not have a real home, where somebody cares for him and that there is nobody to tell him to wash his face nor waiting for him with dinner. And although one could consider him to be a bad boy (since he tried to rob the lady's handbag), the reader soon discovers that Roger is maybe good-hearted: he openly admits that he'd run away if possible, being honest, he then apologizes – first out of fear, later because he really seems to be sorry. Another proof of his good-heartedness is his offer to go shopping for Mrs Jones, trying to find a way to return the warm care he receives.

Despite the two characters being opponents, Roger and Mrs Jones seem to have some things in common: they both come from relatively poor backgrounds, struggling to make a decent living. However, Mrs Jones has a deep understanding for the boy, probably because she has had similar experiences (such as having nobody at home to care for her, maybe even having committed a crime) in her teenage years.

Roger, on the other hand, seems to have the same good-heartedness Mrs Jones reveals by behaving the way she does: he realizes that the lady is acting out of a sincere wish to really help him.

II. Analysis

1. The most important stylistic device Langston Hughes employs in his short story is surprise: first, the boy's attack on Mrs Jones needs a surprise effect to be successful (although it isn't), then Mrs Jones' reaction to the attack is also a surprise. That not only shows a quick, fearless and courageous reaction to the boy's attack, that she takes Roger home with her and cares for him is a surprising reaction to a vicious attack. Roger, at first is surprisingly honest, admitting that he'd run away if Mrs Jones would loosen her grip (l. 28). Then later he shows a surprising reaction by not running away when he finally has a chance to do so (ll. 69–70: "Roger looked at the door – looked at the woman – looked at the door – and went to the sink").

Another surprise is Roger's confession that he didn't attack Mrs Jones because he was hungry, but because he wanted a pair of suede shoes (l. 84): if, at that point in the story Mrs Jones is surprised by the boy's honest answer, Roger himself is astonished when the lady tells him that she too, has done things which were illegal (ll. 103–104).

The biggest surprise, however, is at the end when Mrs Jones sends Roger off handing him money to buy the shoes – as it is apparent that she herself is not really well off, her generosity comes as a really big surprise to Roger and the reader.

Another stylistic device used is language: although the author makes no direct reference to the colour of the two characters in his story, the reader can assume that Mrs Luella Bates Washington is a large black woman because of the many slang words and expressions used, e.g. "You a lie", l. 24, or "I got a great mind to wash your face for you", ll. 32–33, some "ain't's" as well as expressions such as "snatch", l. 77, all of them being typical elements of "black English" slang.

As far as the point of view in this story goes, it is told in third person narration, conveying balanced information on both protagonists.

Summing up this analysis, it is the many surprising actions and reactions that keep the reader interested in the story with the author presenting a piece of literature that is both artistic and entertaining without being superficial or simple.

2. Roger's reaction to Mrs Jones presenting him with money to buy some suede shoes as a "reward" for his failed attack on her is a simple "thank you." However, by stating that "the boy wanted to say something other than "thank you" (l. 143), the reader understands that Roger is surprised, even overwhelmed by the lady's behaviour. By showing an almost unbelievable generosity, Mrs Jones fulfils her promise that "When I get through with you, sir, you are going to remember Mrs Luella Bates Washington Jones" (ll. 51–53), though in a different way than expected. However, Roger now understands the victim's side and why it is unlawful to attack others – not because one could get punished, but because others, too, struggle to live a decent living, thus creating a kind of solidarity between any possible victim and himself as the attacker.

So the story can be taken as a proof that punishment may not always be a good solution, but that sometimes an unconventional action can be much more effective, as Roger has definitely learnt his lesson.

III. Composition

Folgende Aspekte können angesprochen werden:

The judge:

- Mrs Jones should have reported Roger to the police instead of giving him money to buy some shoes, since the boy could take this reaction as a reward for his attack.

- A crime is a crime and stays a crime even if the attacker is remorseful; therefore, it is necessary to punish the culprit in order to prove that the legal system works.
- It is in everybody's interest that the streets become – or stay – safe for everybody to walk in; if it becomes public that people don't report criminals, there might be more crime.
- Only punishment ensures that the culprit understands that he/she has acted unlawfully, thus offering a chance to improve his/her behaviour.

Mrs Luella Bates Washington Jones:
- She has been able to handle the attack herself and insists that she was the victim and could therefore pass judgement on her attacker herself.
- Her immediate reaction ensures that the boy can accept the consequences of the deed: as soon as Roger noticed that Mrs Jones herself has to struggle to live a decent life, he becomes remorseful and gets a real understanding of *why* his attack was wrong.
- Mrs Jones is convinced that her method of teaching the boy right from wrong is much more effective, as the boy already showed that he no longer wants to be untrustworthy. So her reaction – which was not punishment – helps to make the streets safer and the world maybe a bit more human, too.
- By not bothering the police or the legal system, Mrs Jones saved taxpayers' money.

IV. Creative Writing

Slowly, Roger walked out of the house back into the street. The clock of the nearby church struck midnight. He now regretted that he had decided to go to the other side of the town to try his attack, because it would take him more than one hour to walk home. But what did home really mean for him? His mother had died shortly after his birth and his father had never had a real interest in him. He still offered him a place to sleep, but whenever he was drunk – and he was drunk very often – he became violent, and so Roger regularly got beaten for nothing.

Roger kept walking. Yes, he thought, I really feel ashamed of myself for attacking that lady. I didn't know that I would be able to feel so ashamed. All my life I have had to commit small crimes to survive.

Suddenly the light changed. Darkness no longer covered his shame. Before even realizing that he had entered a shelter for the socially underprivileged, he heard a young man – probably in his early twenties – asking him: "You need help?"

Roger didn't answer, but decided to sit down. He gratefully accepted the glass of water he was offered and hadn't been sitting down for long, when he fell asleep. When he woke up the next morning, the young man was still in the room. He came up to him as soon as he realized that Roger was awake. Over breakfast, they began to talk.

At the end of the day, after reflecting on last night's events, Roger had come to a decision: he would not go home. He would try to go back to school and make an honest living. He would not buy suede shoes: he would treasure Mrs Jones' note as a keepsake, reminding him that at least once in his life, somebody trusted him. Roger was sure he'd manage. He was clever. He was now determined. And one day, he would pay a visit to Mrs Luella Bates Washington Jones, reimbursing her for her money.

Klausur 4

I. Comprehension

1. Margaret Atwood's short story "Happy Endings" is definitely a love story, because in each beginning, a man and an women meet. Then love comes to the fore: although the six different variations of the story tell six different stories, they all talk about relationships between a man and a woman and about sex and marriage. And at the end of each story, the couple eventually die.

To some extent, the mocking tone of the narration is funny and the story itself unusual as the reader has to decide which ending he or she prefers. The story is presented in six different variations which is not common in literature and not at all common in love stories, but does make Margaret Atwood's narration very interesting. The story about John, Mary, Fred and Madge is a very good example of the many possibilities literature offers on just one single theme.

2. The first three lines serve as an introduction to the theme of Margaret Atwood's story: they present the two main characters in the following pages by just mentioning the names John and Mary. These lines also introduce the topic – the story is to become a love story since the verb "meet" evokes the assumption that their encounter should have consequences of some kind.

The third line, however, prepares the reader that the following story could be unusual, since it offers the reader a choice; by stating that "if you want a happy ending, try A", it becomes clear that there are other endings which are not necessarily happy endings, but still endings with the same beginning.

Therefore, these first three lines are a brilliant device
- to arouse the reader's curiosity,
- to create suspense and
- to emphasize the fact that the following text refers to the same people, in this way forming an integrated whole.

3. This line is very eye-catching since it is completely printed in italics. Thus, it must be of particular import-

Lösungen

ance. The explanation for this importance is provided in the line above: the narrator states that the only authentic ending is that both John and Mary die. Analysing the passage in detail, one has to state that this line consists of only one sentence that is repeated two times, emphasising its meaning. Furthermore, the sentence itself is very short; it is just a four word sentence. These four words are the names John and Mary (the conjunction "and" already included) as well as the verb "die". At this point, the reader easily recognizes this sentence as a parallelism to the very first sentence (compare answer to question no. 2). As a result, these lines together with the very first line of the short story, could be understood as an extremely brief summary of the complete story: John and Mary meet and John and Mary die. No wonder that this line is printed in italics.

II. Analysis

1. The main characters in the story are John and Mary, both of whom share the same importance. However, because of the unusual structure of the story, especially because of the fact that various stories are told, their relationship varies.

At the beginning, John and Mary meet for the first time. The first variation of that encounter presents a "standard" version of a love story, in which they fall in love with each other, get married and become a happy family. In the second variation, however, a third character, Madge, is introduced as Mary's opponent. Though Mary, from the very beginning seems to understand that the John she knows is not the John she wants him to be and is very disappointed when, at the end, he marries Madge. Referring to the question, as everything continues as in the first variation of the story, once John has married Madge, Margaret Atwood uses part B of her short story to prove her provoking statement. At the end of the story she states that the only authentic ending is that John and Mary die. As Madge's only function in part B of the story is to replace Mary, Madge consequently cannot really be called a main character.

With slight variations on how the male and the female parts of the relationship act out, part C just reverses part B of the story: this time it is a "James" who interferes with Mary's marriage and another male person called "Fred" who replaces John after his death. Once more, the reader understands that all the characters are interchangeable. Parts D, E and F of the story carry the interchangeablity to extremes, adding disaster (a tidal wave) and illness (a bad heart) – in short: fate – to a story that nevertheless comes to the same ending.

By that means, Margaret Atwood succeeds in presenting only two main characters, as all the other people appearing are interchangeable and of minor importance.

2. Irony is a stylistic device that brings an amusing or a strange aspect to a situation or a story. Often, irony is created where what one gets is completely different from what one expects. First of all, the whole story is written in an ironic tone, conveyed in every single sentence. And although Margaret Atwood's story is full of irony, some sentences and situations are even more ironic, for example: the six variations of the same story. Irony is also employed each time the narrator states that "everything continues as in A" and at the very end of the story when the author suggests that the reader himself can easily create his or her story by "How and Why", thus making fun of the very job of fiction writing itself. Referring to the question, here are some of the sentences that carry an amusing and strange effect in themselves, evoking laughter in the reader: part B, ll. 56–57: "You can see what kind of woman she is by the fact that it's not even whiskey", part C, ll. 74–77: "But James is often away on his motorcycle, being free. Freedom isn't the same for girls, so in the meantime Mary spends Thursday evenings with John", ll. 91–93: "... James and Mary get higher than you'd believe possible and they climb into bed. Everything becomes very underwater ...", ll. 99–102: "He purchases a handgun, saying he needs it for target practice – this is the thin part of the plot, but it can be dealt with later – and shoots the two of them and himself."

Especially this last example illustrates the fact that the author of the story even mocks herself: Margaret Atwood freely admits that her plot has a "thin part" at that very part of the story, a statement hard to believe because the whole story doesn't have a real plot.

3. As already mentioned, the story does not have a real plot but offers variations to one single beginning. In the same way in which the characters are interchangeable, setting and time are interchangeable, too. One can state, however, that all events are told in flashback and that they are also linked by cause and effect. As an effect on the reader, these stylistic devices both contribute to the very matter-of-fact tone of the whole story. The narrator of the story uses the following words to comment upon the plot: "That's about all that can be said for plots, which anyway are just one thing after another, a what and a what and a what." (ll. 141–143)

The same effect is true for the setting employed by the author of this short story: As there is no specific setting, it is neither romantic nor beautiful, neither suitable nor unsuitable – there is just no setting at all.

The relationship between acting time – the time from the beginning to the end of every single episode presented in the text – and narrating time – the time it takes to read the text – is marked by extreme compression. It takes very little time to read the text whereas the period dealt with covers a lifetime. By choosing this device, the reader easily understands that time, too, is of minor importance in this text, in which all events – the life of two main and three minor, interchangeable characters – are presented in a nutshell.

4. In comparison to parts A, D, E and F of the story, parts B and C are much longer. This is due to that in both these parts, the author of the short story sets out explanations of "the stretch in between" which "is the hardest to do anything with" (ll. 139–140). By doing so, the reader understands that even though Mary, Madge, John, James and Fred are individuals who all bring to their relationship an individual biography, a unique past and their own personality, the result is always the same as in version A.

Whereas parts B and C both add problems and difficulties to the characters' lifes, making the whole story more realistic, the pure fact that the result is still the same conveys that not even fate makes a difference in life and is by that means, once more very ironic.

III. Composition

Folgende Punkte können angesprochen werden:

- This quotation from the bible talks about human beings are social creatures; speech is the most important proof of that.
- Even according to Charles Darwin and his theory of the survival of the fittest – a theory that has often been criticized for being unreligious and could be said to be opposed to the bible –, nature always finds a way to survive, but does need a male and a female part to do so. However, this pure fact does not say how long one shouldn't be alone ...
- In modern times, staying single is quite common and mankind still exists, proving that the bible isn't right with its statement.
- The concept of a family as opposed to leading a single life, having some advantages as soon as children or other needy human beings come to the fore; family is a factor that over the centuries has guaranteed the survival of the human being.
- However, referring to the text, one could come to the conclusion that if not even fate makes a difference in life, people could develop an indifferent attitude: if life, fate and individualism is of no importance, it's not important whether a person lives alone.

IV. Creative Writing

Lösungsvorschlag zu Teil D der Geschichte:

It had been a wonderful day. The sun had been shining. Fred and Madge had been enjoying their own little paradise, working in their garden. However, at the end of the day, somehow the weather had changed. Madge had urged Fred to stop their work and had been insisting on putting all the garden tools away. They had just sat down at their brand-new garden table to enjoy a hearty dinner, when Fred noticed that all the animals had stopped making noise. The view from their veranda was usually just gorgeous. However, right at that moment, Fred was startled by what he saw: the ocean was gone! "Run!" he shouted to Madge. "Run! Towards the hills! Run!"

They ran, panting and reached the hills just in time to watch their house get eaten by a giant tsunami. About half an hour later, neither Madge nor Fred could believe their eyes: what used to be their house, their garden, their garage, their property – was nothing but debris. Slowly, they walked back. They realized that all they had saved was their lives and the few summer clothes they were wearing.

Time went by. A few summers later, after they had gotten over the shock, they bought another house. A little property of their own, situated far away from the ocean on top of a little hill, in a different part of the country. And they lived happily ever after.

Klausur 5

I. Comprehension

1. Walt Whitman's poem titled "I Hear America Singing" praises the many craftsmen that contribute to building of America. The poem's tone is very positive, using cheerful adjectives such as "blithe" (l. 2), "delicious" (l. 11) and "melodious" (l. 15), conveying boundless optimism in people's abilities and a strong belief in their will to create a better society, especially since everybody is not just working, but singing while working. Whereas the headline gives a general statement, saying that it is "America singing", the poem itself specifies the author's image of who the persons representing America are – i. e. the craftsmen. And since the poem itself does not draw a conclusion of any kind, thorough analysis is necessary to fully understand the poem.

2. The poem was published in 1855, a period in America's history when the rise of civilization had begun and the people were trying hard to overcome primordial nature. In the middle of the 19th century, the country – at that time only 31 states compared to America's 50 Federal States today – was split into the more industrialized north-eastern part of the country, dissociating itself with the southern States where slavery guaranteed the wealth of some white families. Only six years later, the American Civil War (1861–1865) would break out. Regarding all these historical facts, Walt Whitman clearly refers to the beginning of industrialization in the northern part of the United States of America.

II. Analysis

1. The most obvious stylistic device that Walt Whitman employs is enumeration, i. e. the enumeration of the many craftsmen (lines 2–10) who built America. Furthermore, he uses parallelism in sentence structure while enumerating the different professions, emphasising

that every single profession is of the same value. What unites all these different people is their singing: they all sing, not only while working throughout the day, but also at "noon intermission" or at sundown (line 11), demonstrating to everybody around that they enjoy their work, otherwise their singing would not be blithe, i. e. joyful and strong.
Furthermore, the complete poem consists of only one single sentence in which the lyrical I tells his impression of the ongoing events. Attention is drawn to the subjective perception of the lyrical I, neglecting other probable existing noises and influencing the reader in favour of the lyrical I's one-sided, positive attitude towards civilization.

2. To build up a civilization, one person alone won't succeed; many more helping hands are necessary. Walt Whitman names the many people who are necessary to build a modern society explicitly: the mechanic is necessary to repair things and keep the economy going, the carpenter and the mason are needed to build houses and provide roof and shelter, the boatman and his deckhand ensure transport, the shoemaker and the hatter are responsible for people's clothes and the woodcutter and the plowboy – who both work outdoors – are needed to keep the surroundings of a civilization functioning. So, in the lines 2–10 of his poem, the author names and defines the importance of the average person.
However, some professions are not mentioned in his poems: neither politicians – who at times when the United States of America were established were of great importance – nor academic or scientific professions or artists and literates are mentioned, probably because up to that time (and that means in the real American society of the 19th century), those people had already received a lot of attention and praise. Probably, Walt Whitman considers that it is time to state that only through unity will the country be able to successfully establish a modern civilization.

3. In lines 11–12 of the poem, Walt Whitman finally mentions the women. He clearly defines that their job is to be that of a mother and that a girl's task is to do the sewing and washing. However, in opposition to the many craftsmen, the reader gets the impression that these female tasks are not real jobs. When he states that "the mother singing, the young wife at work", one could conclude that being a mother is not the same as working, because if he'd consider a mother's job a job, there would be no need to talk about a young wife being at work.
Furthermore, compared to the many lines that the author needs to enumerate male professions, the three lines at the end of the poem which talk about women give a clear statement that one could almost neglect the women's participation in the building of society – however, this is historically wrong, as it was often the women who kept daily life going.

III. Composition

Folgende Aspekte können angesprochen werden:

- the situation of black people in States: for more than two centuries, slavery kept America going; only in the 1960's were black Americans guaranteed the same rights as whites, at least on paper, even though right wing parties and – especially in the American South – racist organisations are still active today.
- the situation of native Americans: even today native Americans struggle hard to survive, trying to adjust to life on a reservation, trying to re-define their own culture.
- the situation of some other minorities, such as the Mexican population in California, Nevada, Arizona and Texas
- the big differences between the rich and the poor: is the "persuit of happiness" indeed possible for everybody?
- possible reference to the poem: although Walt Whitman uses the word "America" in the headline, assuming to include everybody in it, analysis revealed that he also forgot about some groups of people who inhabit the country.

IV. Creative Writing

Langston Hughes, an American writer who lived in the 20th century (1902–1967) wrote his poem "I, too" as a reaction to Walt Whitman's poem, demanding equal rights for the blacks.

I, Too

I, too, sing America.

I am the darker brother.
They send me to eat in the kitchen
when company comes,
but I laugh,
and eat well,
and grow strong.

Tomorrow,
I'll be at the table
when company comes.
Nobody'll dare
say to me,
"Eat in the kitchen,"
then.

Besides,
they'll see how beautiful I am
and be ashamed –

I, too, am America.

Klausur 6

I. Comprehension

1. This article, published in a Canadian newspaper, is a piece of argumentative prose examining the question whether parents do good by setting limits while raising teenagers. Starting off by informing the reader that she herself is at the moment experiencing a "new set of boundaries" (l. 7), the teenage author is evoking the impression of being an expert on the subject she is talking about. So firstly, expertise is a major proof that the text is a piece of argumentative prose, because any text is more convincing if the reader can be sure to receive serious information. Secondly, the article is clearly structured, defining the subject at the very beginning, then continuing on with some arguments in favour of the author's opinion supported by many examples. And at the end, by asking for a more generous limit, Taylor McKinnan demonstrates that she indeed understood the subject she was talking about.

2. The text deals with the question of setting limits when raising children and the issue presented here addresses young adults and the parent-child relationship during their last weeks in school. In the first lines of the text, 18-year-old Taylor McKinnan complains about limits she considers to be too strict (ll. 11–12: "Don't they [= the parents] realize that their rules make no difference in a few weeks anyway?"). She continues giving many examples of situations in which she would have enjoyed much more freedom and more parental confidence in her own ability to judge risks and dangers (ll. 19–20, Halloween party; l. 42, choir trip; ll. 61–62, camping trip). She raises some provoking questions such as "Have they [= my parents] helped me out, or just taught me more about my home's alarm system? Turned me into a better person or just a better liar?" (l. 51). Then tops off all her arguments by quoting a good friend – who is also an expert, as she too has undergone the same experiences, adding another supporting expert opinion to her own point of view.
The text then concludes by raising the question of an extended curfew the following Friday night, mocking all the arguments any opponents could bring up and demonstrating that the author is a truly trustworthy person.

II. Analysis

1. Although the article does not doubt the need for setting limits of some kind, especially while raising younger children, Taylor McKinnan argues that the situation is completely different when talking about 18-year-old teenagers in their last weeks in school, stating that parents' rules make no difference in a few weeks anyway (ll. 11–12). Her major argument is that whatever the kids haven't learnt within the past number of years, they won't learn during those few last weeks. The author continues by explaining in detail, that what in her parents opinion is nothing else than a caring attitude, has an embarrassing effect on the teenager: "You can bet they [= my parents] offered rides home to older partygoers. My mom had no problem raising her hand during a meeting for a tenth-grade choir trip to Disneyland to inquire loudly about after-hour hall supervision – much to the mortification of me, the choir teacher and my boyfriend at that time." (ll. 39–45) However, Taylor McKinnan also admits that if she hadn't had any limits set, there would have been no need to act against them, missing out on important – even authentic – experiences: "... the next morning we realized that our night hadn't really been that much fun. And we were grounded for two weeks. Our parents didn't yell or berate us – we reluctantly figured it out on our own." (ll. 79–83)
A further argument in her favour is that the more things she could experience herself, the greater her respect for the boundaries her parents set became, as life didn't spare her experiences that she wished she hadn't had. Also, by quoting other experts – probably psychologists – accessible via the internet (the author mentions a website, ll. 97–98), she illustrates not only that she herself, but also others, insist that the most important aspect – and the biggest help – in raising a teenager is "staying connected", because "just like last-minute cramming for a big test, I'll have learned it already" (ll. 109–110).

2. As explained in the answer to question 1 in the comprehension section, this article is clearly structured, which contributes to its serious tone. Furthermore, a clear structure enables the reader to follow the author's line of argument easily, because it is very convincing. In this article, style too, adds to the persuasive power of the text: without being too cheeky, the reader – and that means interested parents as well as affected teenagers –, understand the topic. This is because Taylor McKinnan manages to outline a serious topic in an entertaining but serious tone. For example, when asking provoking questions, bringing up the point of a home's alarm system and the way teenagers handle such a problem, she makes it clear that any teenager will find his or her way, whether his or her parents like that idea or not. Style too, is of great importance for the example given: by telling real stories, the topic becomes very authentic and serious, assuring the reader that in most cases, the teenagers have already learnt their lessons. This statement results from the point the author is talking about – that is, when teenagers are in their last weeks of school – parents can react cooly, enjoying the certainty that their kids now really know how to care for themselves.

3. Within these last lines, the author summarizes her arguments, stating that she is convinced that kids in their last year in school are able to act reasonably. By

illustrating this statement with the comparison "Just like last-minute cramming for a test, ..." (l. 109), she emphasizes that what the kids haven't learnt so far, they won't learn within these last few weeks. And to really convince the reader that she is right with that statement, Taylor McKinnan even goes into detail and clearly says that parents' main worries are unnecessary, as she "know[s] how to wee out" a "skuzzy guy", recognize a "sketchy scene" and even "schedule [herself] a few "early nights" (ll. 112–113).
And by raising her final question she tries to achieve even more freedom by proving that (first mocking her parents' worries, then turning down the mockery by saying that "hey, it was worth a try" [last line]) she has really got the message, since humour only works if people speak on the same level.

III. Composition

1. *Folgende Punkte können angesprochen werden:*
Pros:
- Taylor McKinnan argues the special case of teenagers who are about to start an apprenticeship, go to college or go abroad, so her line of argument is understandable.
- The examples given, as well as the provoking questions asked, offer the reader – and also the parents – an insight into teenage behaviour, enabling parents to understand their counterpart's position.

Cons:
- Even at the age of 18, teenagers are too young to foresee the consequences of their actions.
- Setting boundaries is also a way of showing love and affection; if parents give up on that, how else will the kids know that they are important to their parents?

2. *Folgende Punkte können angesprochen werden:*
- Firstly, the meaning of the word education has to be defined.
- Education is a platform to introduce and confront children with cultural values, which vary among societies and need to be taught in someway.
- Education is a way to impose a feeling of security (especially on little kids) creating a solid base for good parent-child relationships.
- Kids and teenagers need limits because a lot of the time they can't judge the consequences of their actions.
- As children grow older, education could become a special form of togetherness in which the parents' part is comparable to that of a good coach.
- Lack of education also imposes negative effects on the kids, as society only works if certain rules – that need to be taught – are widely accepted.
- Education is a suitable way to convey moral attitudes that could make society more human.

Klausur 7

I. Comprehension

1. The scene describes the events in the library of the Baroness Waldstädten, when Antonio Salieri, director of music, encounters Wolfgang Amadeus Mozart for the first time. At the beginning of the scene, Salieri is standing in the room, helping himself to the "most delicious confections" (l. 11), then he gets seated and watches Mozart enter the library following Constanze. Constanze and Mozart are playing a game, Constanze – who is to become Mozart's wife is pretending to be a mouse and Mozart is pretending to be a cat. Both Mozart and Constanze seem to be very absorbed in their play, neither of them notice that Salieri is watching and overhearing their conversation.
However, as soon as Mozart has finished playing and taken over the responsibility for the music, Salieri – who until then felt superior to Mozart because he'd never play such childish games and did not need a protective and pushy father to become famous – suddenly realizes that Mozart's music is indeed brilliant and overwhelming. Thus, at the very end of the library scene, the reader understands that Salieri now fears Mozart and his musical abilities when he states: "I was suddenly frightened. It seemed to me I had heard a voice of God – and that it issued from a creature whose own voice I had also heard – and it was the voice of an obscene child!" (ll. 154–158).

2. In general, stage directions in drama are the author's way of influencing how the stage should look as well as on the atmosphere of the setting and the scene. They also convey information on how the characters appear and are a means to achieve certain effects. Furthermore, detailed information on the setting and the surroundings as well as time-related aspects enable the reader to draw conclusions about a character's personality.
In Shaffer's play, the stage directions fulfil all these purposes: at the very beginning of that scene, the detailed description of the library illustrates that the events take place in a noble setting (there is elegant furniture, servants are on duty etc., ll. 2–8) so that later, when Constanze and Mozart appear and play childishly, the contrast between setting and their behaviour is enlarged. Talking about Salieri, the stage directions (ll. 5–6) emphasize the impression of him having a "sweet tooth" and being able to enjoy earthly pleasures. Referring to the moment Constanze appears, the stage directions explain not only her outward appearance and her charisma (ll. 24–25: "a pretty girl in her early twenties, full of high spirits"), but also the game she is involved in with Mozart. Here and a few lines later when referring to Mozart, the stage directions mean to convey the impression that they really enjoy their game.

Thus, the stage directions do have the effect of ensuring the playful, childish and lively impression of the scene, as well as later contrasting that mood with Salieri's severe and frightened behaviour.

II. Analysis

1. The library scene can be divided into three parts. The first parts includes lines 1–21 and portrays Salieri showing his love for earthly pleasures and his desire to watch without being noticed himself. Part two, is about Mozart, Constanze and their childish game (ll. 22–112) as well as about their conversation on Mozart wanting everything backwards once he should be married and Constanze talking about Mozart's dependent relationship with his father. Part three of that scene (ll. 113 to end) is very important, since it confronts the reader with Mozart's music, his brilliance and Salieri recognizing Mozart's ability and power.
Structured into these three parts, this scene presents Mozart and Constanze, their childishness and ease as opponents to Salieri and foreshadows upcoming conflicts.

2. In this scene, Peter Shaffer employs indirect characterization to inform the reader about Wolfgang Amadeus Mozart. Not much is told about Mozart's outward appearance; probably such a description was given in earlier scenes. However, his behaviour presents him as a joyful, vivid person enjoying a childish game; Salieri later summarizes his observations of Mozart, characterizing him by using the words "obscene child". Constanze also comments upon Mozart, telling him that he does care about his father's opinion (ll. 87/90–91), characterizing him as a dependent child. However, as soon as it comes to music, the impression changes: Salieri, a director of music and someone who certainly knows what he is talking about when it comes to his own profession, immediately recognizes the brilliance of Mozart's music, regarding his work with respect and admiration.
Thus, the reader receives a split impression of Mozart, his childish, obscene behaviour as opposed to his musical ingeniouity.

3. Salieri, who in this scene encounters Mozart for the first time, has to recognize that, when it comes to his profession, Mozart – who in his eyes is not even a real man – does have incredible and powerful abilities. As Salieri himself states Mozart's music is divine. Thus, he realizes that he has encountered a powerful opponent for whom music is just a game. However, Mozart's childish behaviour does not go together with Salieri's understanding of music being a serious profession. Nevertheless, the audience seems not only to enjoy but to really like Mozart's music – which makes Salieri feel envious. On top of all that, the audience also seems not to mind his behaviour, maybe because it shows that Mozart is a real artist.
This sudden discovery causes Salieri pain and he probably fears that from now on, his own position as well as his role in society threatened.

III. Composition

Folgende Punkte können angesprochen werden:

- Art, music and literature contribute to the individual's mental and psychic health.
- Art, music and literature enrich human life, as even the bible states that „Man shall not live by bread alone" (Matth. 4, 4) – and though the bible talks about spiritual health received through religion, modern humans might not be concerned with the religious aspect, but about the inspiring aspect of arts and culture.
- Literature especially, but also music and to some extent art open up new territories for every individual which contribute educationally.
- As human beings are social creatures, music, art and literature can create a neutral but common platform to unite people from different cultural and social backgrounds.

IV. Creative Writing

Dear Diary,
What a day! Mozart, THE Wolfgang Amadeus Mozart that everybody in town is talking about at the moment, asked me to marry him! At first, I didn't take him seriously at all, but then Wolferl repeated his proposal. I'm still sceptical, as I've heard so much about his dad;being very protective of him.
I'm frightened too. What does marriage actually mean? I've never been alone with a man in my whole life. Will he hurt me? What will he do to me once we are married? And where would we live? Maybe this marriage is a chance to leave this place, where mum is the boss, making me work all day.
If he really marries me, what shall I wear? All my life, I've been dreaming of a beautiful long white dress and matching shoes. What about my hairdo? Who will be able to help me with that? Maybe my sisters can? I won't see them as often as I do now once I move out – but I don't know if I will be able to discuss all the things I discuss with my sisters, with him, with a man?
I don't know Wolferl at all. We had some fun running around the library today, but what if whenever he's hungry and his meals aren't ready, would he complain? I've always heard that artists are a special kind of people and Wolferl seems to be even more extreme.
I'm confused and at the same time mesmerized. I'd better go to sleep now. Maybe tomorrow Wolferl will show up again – let's wait and see what tomorrow brings.
Constanze

Übersicht der behandelten Texte

Literarische Primärtexte

Zeitungsartikel und Reden

Register

Bildquellennachweis:

CORBIS/Stephanie Maze, Düsseldorf: S. 90
www.caglecartoons.com : S. 89
www.CartoonStock.com: S. 139, S. 141

Freundliche Abdruckgenehmigung wurde uns für folgende Titel erteilt:

Adams, James Truslow: "The Epic of America", Blue Ribbon Books, New York 1931
Alberoni, Francesco: "Stardom And Charisma", in: Sociology of Mass Communications, hrsg. v. Denis McQuail, Penguin, London 1972
Atwood, Margaret: "Happy Endings". In: Sudden Fiction International. 60 Short-Short-Stories; ed. by Robert Shapard & James Thomas. W. W. Norton & Norton Company, Inc. New York
Conrad, Joseph: "Heart of Darkness". Penguin Books, London 1985
Faulkner, William: "Nobel Prize Acceptance Speech". © The Nobel Foundation 1949.
Fearing, Franklin: "Significance to the Individual", in: Sociology of Mass Communications, hrsg. v. Denis McQuail, Penguin, London 1972
Gardner, Burleigh B./Levy, Sidney: "The Product and the Brand", in: Modern Marketing Strategy, hrsg. v. Edward C. Bursk/John F. Chapman, Cambridge, Harvard University Press 1964
Hemingway, Ernest: "The Old Man And the Sea". Reprinted with the permission of Scribner, a Division of Simon & Schuster, Inc., from THE OLD MAN AND THE SEA by Ernest Hemingway. Copyright outside the United States: © Hemingway Foreign Rights Trust.
Hughes, Langston: "Thank you, M'am". In: Sudden Fiction. American Short-Short-Stories; ed. by Robert Shepard and James Thomas. Peregrine Smith Book, 1986
Huxley, Aldous: "Brave New World". Vintage Books and the Random House Group UK Ltd.
Hynd, Noel: "A Room for the Dead"
Joyce, James: "Eveline". In: Great English Short Stories, ed. By Horst Bodden, Herbert Kaußen and Rud Renné, Ernst Klett Verlag Stuttgart
Koontz, Dean: "The Door to December", copyright © 1984 by Nkui, Inc. Used by permission of Dutton Signet, a division of Penguin Group (USA) Inc.
Maugham, William Somerset: "A Writer's Notebook", London 1978. A. P. Watt Ltd. on behalf of The Royal Literary Fund.
McKinnon, Taylor: "Delicate Art of Boundaries".
Paxman, Jeremy: "The English. A Portrait of a People", Harmondsworth 1999
Shaffer, Peter: "Amadeus". (Penguin Books, 1981). Copyright © Peter Shaffer, 1980, 1981.
Shaw, Bernhard: "Pygmalion". Aus Reclams Fremdsprachentexte, hrsg. v. Herbert Geisen, Phillip Reclam jun., Stuttgart 1990
Shepard, Sam: „True West“

Newspaper articles

Ali, Tariq: "The War is Already Lost". The Guardian, 20 December 2006
Duhigg, Charles: "The Life Insurance Industry Turns Pale As Elderly Cash in". The New York Times, Articles selected for Süddeutsche Zeitung, January 2, 2007
Florida, Richard: "The New American Dream". Reprinted with permission from the Washington Monthly. Copyright by Washington Monthly Publishing, LLC, 1200 18th Street, NW, Suite 330, Washington, DC 20036 202.955.9010. www.washingtonmonthly.com
Jacques, Martin: "We Are Globalized, But Have No Real Intimacy with the Rest of The World". © 2006, Martin Jacques. All rights reserved.
Kettle, Martin: "We Can't Just Blame Our Lack of Trust on Tony Blair's Lies". The Guardian.
N. N.: "An Olympic Story That Teaches Us the Value of Sportmanship And Hardware". TIME Magazine, February 18, 2002
N. N.: "End Failing Policies That Let BNP through School Gates". Daily Express. May 20, 2004
Mathiason, Nick/Aglionby, John: "The True Cost of Cheap Clothing". The Observer, April 23, 2003
Rice, Dennis: "Briton Is Shot Dead by Sniper". Daily Express. May 20, 2004